村田朋博
TOMOHIRO MURATA

超利益経営

IDEAS, PHILOSOPHIES, AND
PRACTICES OF JAPANESE OUTSTANDING
BUSINESS LEADERS

圧倒的に
稼ぐ9賢人の
哲学と実践

日本経済新聞出版

はじめに　9賢人の哲学と実践に学ぶ

本書は自動車企業に関する書籍ではありませんが、以下の自動車企業2社のデータから始めたいと思います。

トヨタ自動車：販売台数1030万台、売上高45兆円、営業利益5・3兆円
したがって1台当たりでみると、単価440万円、営業利益52万円注

フェラーリ：販売台数1・3万台、売上高60億ユーロ、営業利益16億ユーロ
したがって1台当たりでみると、単価7000万円、営業利益2000万円

トヨタグループは世界最大の自動車企業として、量産車から高級車まで、自家用車から商用車やトラックまで、ガソリン車から電気自動車や燃料電池車までと幅広い製品を提供していま

す。そして、日本の上場企業約４０００社の営業利益の10％近くを１社で稼ぎ出す企業。日本を支えているといっても過言ではありません。

一方、フェラーリは、申し上げるまでもなく最高価格帯に特化。「需要よりも１台少ない台数」を生産するといわれ、販売台数はトヨタより３ケタも少ないです。一方で、自動車１台当たりの利益はトヨタ車の40台分です。購入側が列をなして待っている憧れの車を作っている企業といえます。

せっかくの機会ですので、テスラのデータも示します。２社の中間です。

テスラ：販売台数１８１万台、売上高９６８億ドル、営業利益89億ドル
したがって１台当たりでみると、単価８００万円、営業利益70万円

さて、これらの企業が象徴するように、どちらが優れているということではなく、ただ「違う」のです。どの企業がなくなってもさみしいことでしょう。世の中が多様であるべきと同様に、経営も多様であるべきと思います。もし誰もが同じ経営をしたら、彩りのない価格競争に帰結することでしょう。筆者の２冊目の書籍の題名は『経営危機には給料を増やす！　世界一企業をつくった「天邪鬼《あまのじゃく》経営」』（日本経済新聞出版）ですが、建設的な天邪鬼であることは、経営

者には必須の素養と思います。

本書で紹介する賢人経営者は、まさに多様性の9人です。おそらくその多様性に驚かれることと思います。

ピアニストの賢人。建設的天邪鬼思考の賢人。数多の試練を乗り越えた理念の賢人。演出家の賢人。裸一貫の賢人。刃物にも怯まなかった賢人。自律機械企業を創りあげた賢人。「ブラック・スワン」を見逃さなかった賢人。「書を捨て」て最前線で率いる賢人。

権力は甘美であり腐敗することも世の常で、合議制になることはやむを得ないのですが、本来、賢人1人がすべてを決定し、皆を導く企業が最も強いのでしょう。

さて、本書の企画意図と構成です。

筆者は誠に有難いことに30歳のころから賢人に「サシ」でお目にかかる機会が多くありました。これまでに、多くの、本当に多くのことを教えてくださった賢人に深く感謝し、それらの知見を広く知らしめたい（筆者だけではあまりにももったいない）、次世代を担う若手経営者に伝えたいと思っていたことが、本書の執筆を企画した最大の意図、目的です。

以下、本書の構成を説明します。

〈第1章〉

企業が（に限らず人も国家も）長期にわたり輝き続けることがいかに大変なことかを説明します。40年前、世界でも名の知れたコンサルティング企業の出身者らが独自の基準で抽出した「超優良企業」の候補のうち、なんと4分の1は破綻しています。筆者がアナリストとして担当してきた日本のハイテク産業もこの40年間で様変わりです。２０２４年に、かつて輝いていたいくつかの著名企業が人員削減を発表。50歳になって希望退職の募集に直面する社員の気持ちはいかほどでしょう。このような報道があるたびに、経営者の責務の重さを再認識させられます。

〈第2章〉

前述のような困難を極める企業において、その経営で素晴らしい実績を残す賢人がいます。経営書で何度も取り上げられている経営者もいますが、本書では、少なくともその賢人度合いに見合うほどに認知されていない**賢人経営者の思想と実践**を紹介します（ロームの佐藤氏に続いて紹介する同社の疋田氏を除いて年齢順です）。

ローム創業者・佐藤研一郎氏――ピアニストから経営者へ、ニッチを見極めた経営者。「僕は「ギャンブラー」として勝負に挑み飛躍。

ローム元取締役・疋田純一氏――人とは違う、目から鱗《うろこ》発想の経営者。「天邪鬼経営」の概念を思いつかせてくれました。

マブチモーター創業者・馬渕隆一氏――理念の経営者。一代で営業利益300億円企業を創りあげました。

ヒロセ電機中興の祖・酒井秀樹氏――演出家経営者。30人の企業を営業利益300億円に飛躍させました。

エーワン精密創業者・梅原勝彦氏――裸一貫で人生を切り拓いた経営者。小学校卒業と同時に工場で働き、その後独立、35年間の平均経常利益率35%という驚異の企業を創りました。

ルネサス エレクトロニクス元会長兼CEO・作田久男氏――「最後の砦」経営者。破綻間際の企業を蘇生させ、その後の発展の礎を築きました。

キーエンス創業者・滝崎武光氏――イデオロギーを捨て「自律機械企業」を創った経営者。高成長（創業来50年で売上高1兆円）、高収益（営業利益率50%）、高給（平均年収2000万円超）。

ジョンソン・エンド・ジョンソン元代表取締役・大瀧守彦氏――「ブラック・スワン」を見逃さず、高収益事業をゼロから立ち上げた経営者。

ミネベアミツミ中興の祖・貝沼由久氏――戦略と執行の経営者。「書を捨て」現場に出、光速の意思決定で企業規模を5倍に。

記します。

第1章、第2章を受けて、この章では、これからを担う現経営者、次世代経営者への伝言を

〈第3章〉

□まず何より、社員が退職するときに「ああ、よい会社だったな」と言わせてほしい。
□人は「中期経営計画」では動きません。人を駆り立てるのは夢。夢を社員に示してほしい。
□社員にボルトさんと競走させないでほしい。「楽して」勝てる事業を提供してほしい。
□「うちの会社しかできない」事業を確立してほしい。
□凡人とは違う建設的天邪鬼発想で導いてほしい。
□「問題になってから解決」よりも、そもそも問題を起こさせないでほしい。
□社会が「ああ、あの会社ね」と認知できる暖簾《のれん》を確立してほしい。
□いま、苦境にある企業の経営者には、世間をギャフンと言わせてほしい。
□最適経営者が自分でないことがありうることを客観視してほしい。
□産業を俯瞰して、自社のみならず産業全体を健全に、幸せにしてほしい。
□経営に時間の概念を持ってほしい。
□「不透明」と言わないでほしい。世界は透明でないから賢人が求められているのです。

□厳しく困難な事態にも、正しく導いてほしい。

□最後に。経営者として「爪痕」を残してほしい！　10年後に咲く花を植えてほしい！

日本の１人当たりGDP（≒給与）は米国の40%にまで凋落しました。９賢人に学び、次世代を担う経営者や若者が、日本を再度輝かせてくれることを祈願します。

最後までお付き合いいただければ幸いです。

注　トヨタは２０２４年3月期、フェラーリとテスラは２０２３年12月期。１台当たりは単純に売上高、営業利益を販売台数で割ったもの。自動車販売以外の収入もあると思われ、厳密ではありません。また、為替レートは、海外2社の１台当たり数値について、１ユーロ＝１６０円程度、１米ドル＝１４５円程度で換算しています。

目次

第2章

人生に必要なことはすべて賢人経営者に学んだ

第3章 次世代を担う経営者へ

第1章

あなたの企業が破綻する確率は4分の1

盛者必衰──エクセレント・カンパニーの4分の1は破綻した!

まず、**図表1**(24〜25頁)に示した企業62社について。これらは、マッキンゼー・アンド・カンパニー出身のコンサルタントらによる著作『エクセレント・カンパニー　超優良企業の条件』(T・J・ピーターズ、R・H・ウォーターマン著。大前研一訳、講談社)に掲載された図表において、「調査対象となった超優良企業」として提示されている企業群です。同書の著者らが定義した「超優良企業」に関するプロジェクトを開始するにあたり抽出した62社になります。[1]

さて、40年前に「超優良企業」といわれた企業群は、その後どうなったでしょうか?[2]

図表中で、網かけにしたのは破綻(その後再生した企業も含む)もしくは苦境に陥り買収された企業です。なんと62社のうち17社になります。[3] 無作為に選ばれた企業のうちの25％ではなく、超優良企業候補として抽出された企業の約25％が実質的に破綻していることに驚きます。[4]

いくつか挙げてみましょう。

イーストマン・コダック：破綻してしまいました。富士フイルムとの対比がよく伝えられます。確かに写真現像がなくなるという破壊的な変化でしたが、富士フイルムが克服したことを考えると、エクセレントとはいえなさそうです。

Kマート：ピーク時には2000店舗以上を展開する巨大小売企業でしたが、ウォルマートの台頭などによるのでしょうか、破綻しました。

ゼネラルモーターズ（GM）：リーマンショックの影響が大きく2009年に破綻。国家支援を受け復活しました。「ゼネラルモーターズにとってよいことは国家にとってもよいことだ」といわれるほどの企業でしたが、皮肉にもその表現通り、政治に頼ったのです。

デルタ航空、**アメリカン航空**：存続していますが、ともに一度破綻しています。

日本企業との関係がある、アムダール、ウェスタン・エレクトリック、ウェスティングハウス・エレクトリックは破綻ではなく買収されていますが、前向きな被買収とはいいがたいようです。それぞれの会社消滅までの経緯を、ごく簡単に振り返ってみます。

アムダール：ＩＢＭ社員だったアムダール博士が興した企業。ＩＢＭ製品の互換機のメーカーとして一世を風靡したものの、１９９７年に富士通が買収、最近では名前を聞くことがなくなりました。

ウェスタン・エレクトリック：始まりは１８００年代にさかのぼる由緒ある企業ですが、その歴史の多くはＡＴ＆Ｔ（日本でいうＮＴＴ）向けの通信機器の製造を主とする企業です。１８９９年に設立された日本電気（ＮＥＣ）の株式の過半を保有し、海外企業として日本で初の合弁企業を立ち上げた企業として知られます。日本にも多く存在した電話機メーカー（いわゆる「ＮＴＴファミリー」）同様、業態転換に苦労したと推定され、法人としては消滅しています。

ウェスティングハウス・エレクトリック：１８００年代後半、エジソンと並び称される技術者ウェスティングハウスによって設立された名門企業。製造業から放送事業への業態転換など紆余曲折を経て、最終的には法人としては消滅。ウェスティングハウス・エレクトリックの原子力事業は、英国核燃料会社（ＢＮＦＬ）が買収した後、さらに東芝が買収し、この企業に関連する巨額の損失が東芝の経営危機の一因となりました。[5]

「調査対象となった超優良企業」62社

サービス業	プロジェクト請負業（ゼネコン）	資源関連企業
デルタ航空*	ベクテル+	エクソン（エッソ）
マリオット*	フルオア*	
マクドナルド*		

アメリカン航空		アーコ（ARCO）
ディズニー・プロダクション*		ダウ・ケミカル*
Kマート*		デュポン*
ウォルマート*		スタンダード・オイル
		（インディアナ）/アモコ* [アメリカ、石油会社]

図表1:『エクセレント・カンパニー』に記載された

完全面談調査と25年分の文献調査を実施した企業

先端技術産業	消費財産業	一般工業製品産業
アレン-ブラドリー+	ブルーベル	キャタピラー・トラクター*
アムダール*	イーストマン・コダック*	ダナ・コーポレーション*
デジタル・エクイップメント*	フリト・レイ(ペプシコーラ)+	インガソル=ランド
エマーソン・エレクトリック*	ゼネラル・フーズ	マクダーモット
グールド	ジョンソン&ジョンソン*	スリーエム(ミネソタ・マイニング&マニュファアリチャリング)*
ヒューレット・パッカード*	プロクター&ギャンブル*	
IBM*		
NCR		
ボーイング*		
ロックウェル		
シェランバーガー*		
テキサス・インスツルメンツ*		
ユナイテッド・テクノロジーズ		
ウェスタン・エレクトリック		
ウェスティングハウス		
ゼロックス		

一部面談調査と25年分の文献調査を実施した企業

データ・ゼネラル*	エイボン*	ゼネラル・モーターズ
ゼネラル・エレクトリック	ブリストル・マイヤーズ*	
ヒューズ・エアクラフト+	チーズブロー・ポンズ*	
インテル*	リーヴァイ・ストラウス*	
ロッキード	マーズ	
ナショナル・セミコンダクター*	メイタグ*	
レイケム*	メルク	
TRW	ポラロイド	
ワング・ラブズ*	レブロン*	
	タッパーウェア(ダート&クラフト)+	

注:社名は原文ママ。網かけの企業は、破綻したもしくは救済的に買収された企業(破綻した企業の中にはその後再生している企業あり)。「*」「+」は同書著者によるもの。「*」は「1960年から1980年まで『超優良』の全基準を満たすもの」、「+」は「個人会社および小会社。データは公開されていないが『超優良』の全基準を満たすと推定されるもの」(以上、原文ママ)。

出所:T・J・ピーターズ、R・H・ウォータマン著『エクセレント・カンパニー　超優良企業の条件』(講談社)に掲載されている図表をもとに筆者作成。

凋落する名門企業たち

他にもあります。いくつかみていきましょう。

富士フイルムとの合弁企業を持っていたゼロックスは、2023年12月期売上高69億ドル、最終損益は3年連続赤字（合計8億ドル以上）で、富士フイルム（直近2024年3月期の業績は売上高2兆9609億円、純利益2435億円）と大きな差がついています。乾坤一擲もしくは苦し紛れか、自社よりはるかに大きいヒューレット・パッカードに買収を提案しましたが、後に取り下げています。

インテルは半導体業界、ハイテク業界のみならず、あらゆる産業において最も盤石な企業と思われていました――規模的にも（世界最大の半導体企業）、企業文化的にも（当時のCEOが書いた『パラノイアだけが生き残る』〈アンドリュー・S・グローブ著、日本語版は佐々木かをり訳、日経BP〉は、世界最強の企業といえども病的といえるほどの危機感を持たないと生き残れないといった内容で、当時ベストセラーとなりました）、優れたマーケティング的にも（「インテル入ってる」キャンペーン）、さらには強固な互換性の壁的にも――。

そのインテルは、2024年、従業員の15%にあたる1・5万人を削減することを公表しました。直近の四半期（2024年7－9月期）では、売上高133億ドルで、純利益は166億ドルの赤字に転落しています。30年前に業界関係者、経営学者、アナリストなどに、「インテルは30年後に赤字に転落して15%の人員削減をするよ」と言ったら笑われたことでしょう。

３Ｍはいまでも十分立派な企業ですが（２０２４年７－９月の四半期の業績は売上高63億ドル、純利益14億ドル）、２０２３年通期決算では、売上高３２７億ドルに対して70億ドルの巨額赤字を計上しました。これは、ＰＦＡＳ（有機フッ素化合物）による環境汚染問題[6]のため、同社が自治体などに最大で１２５億ドルを支払うことで合意したことによるものと思われます。

ボーイングのように、直接的に人の生命を預かる製品でありながら品質への信頼が著しく棄損している企業もあります。同社の主力航空機７３７ＭＡＸは２０１８年にインドネシアで、２０１９年にエチオピアで墜落し、合わせて３４６人の人命が失われています。製造工程の問題点を内部告発した元従業員が遺体で発見されるという痛ましい事態にもなっています。その結果として業績は、２０２３年12月期まで5年連続で最終赤字となっています。

ＧＥ、デュポン、ダウ・ケミカルのように、分割されて存続している企業もあります。ＧＥは、ＧＥヘルスケア・テクノロジーズ（医療）、ＧＥベルノバ（エネルギー）、ＧＥエアロスペース（航空機エンジン）の3社に、デュポンとダウ・ケミカルは統合した後にダウ（素材化学）とデュポン（特殊化学品）とコルテバ（農業関連製品）の３社に分割されました。

産業別でみると、（母数が少なく一般化できないのですが）ハイテク産業における没落比率が高いようにみえます。メインフレーム→ワークステーション→パソコン→インターネット→無線→ＡＩ（人工知能）など、その時々の技術革新が新しいヒーローを生み、その陰で、前世代のヒーローが苦境に陥るということかもしれません。

なお、本論からは外れますが、意外に感じたのは、『エクセレント・カンパニー』では、コカ・コーラではなくペプシコが選択されていることです。そこで、業績を調べてみますと（1990年からの3年間の純利益の合計と直近3年間の純利益の合計）、左記のように同じように発展していました。ただし、売上高でみると、コカ・コーラはペプシコのおおよそ半分（450億ドルと900億ドル）で、利益率はコカ・コーラがペプシコの2倍あります。

純利益の比較：30年前の3年間→直近3年間

ペプシコ： 30億ドル →256億ドル

コカ・コーラ： 55億ドル →300億ドル

40年間「エクセレント」であり続けたのは半分もない

さて、以上のように40年の月日が流れるとさまざまな変遷があります。先の62社のうちいまでもエクセレントといえる企業は、どれだけあるでしょうか？ ウォルマート、ジョンソン・エンド・ジョンソン、プロクター＆ギャンブル（P＆G）、マクドナルドはいまでもエクセレントといえそうです。これらの企業の直近期業績は**図表2**の通りです。

ウォルト・ディズニーはいまでもエクセレントではないのかと思い確認したところ、2023年度に限っては、売上高889億ドル、最終利益24億ドルと、利益は規模に比して小さいようにみえます。過去5年間累計の特別損益（赤字）は100億ドルを超えており、大きな赤字

図表2:「エクセレント」4社の直近期業績

	売上高	当期純利益
ウォルマート	6,481億ドル	155億ドル
ジョンソン・エンド・ジョンソン	852億ドル	351億ドル
プロクター&ギャンブル	840億ドル	149億ドル
マクドナルド	255億ドル	85億ドル

注:ジョンソン・エンド・ジョンソンの利益は、非継続事業からの利益を除くと133億ドル。
出所:各社公表資料より筆者作成

が続いている動画配信事業(ネットフリックスが先行し、ウォルト・ディズニーは劣後している)が影響しているようです。

さて、以上のようにみてくると、もちろん「エクセレント」の定義次第ではありますが、エクセレントであり続けた確率は甘い採点でも50%未満のようにもみえます。そして、繰り返しになりますが、衝撃的なのは「実質的に」も含めると4社に1社が破綻していることです。

40年前、GM、イーストマン・コダック、アメリカン航空が消滅すると予想した人などいないでしょう。現在輝いている企業が40年後に輝いていないこと、もしかしたら消滅していること、そうした事態が起こる確率は、歴史的にはそれほど低いものではないことを認識する必要があります。

本書では立ち入りませんが、『自滅する企業――エクセレント・カンパニーを蝕む7つの習慣病』(ジャグディシュ・N・シース著、スカイライトコンサルティング訳、英治出版)では、「エクセレント・カンパニー」、また、次の節で紹介する「ビジョナリー・カンパニー」に代表される、優良企業の称号を受けた企業が少なからず衰退したことに関する考察をしています。著者が、『エクセレント・カンパニー』の愛読者でもある経営者から「優良企業がなぜおかしくなるのか」との質問を受けたことが、同書を書くきっかけになったといいます。成功と失敗の双方の豊富な事例を示しながらの鋭い分析・洞察がされている良書です。7つの習慣（症状）とは、①現実否認、②傲慢、③慢心、④コア・コンピタンス依存、⑤競合近視眼、⑥拡大強迫観念、⑦テリトリー欲求――のことで、それらについて実例と治療法が示されています。

「ビジョナリーカンパニー」ではどうか？

ビジョナリーカンパニーもみてみましょう。

図表3（32〜33頁）は、こちらもベストセラーとなった『ビジョナリー・カンパニー――時代を超える生存の原則』（ジム・コリンズ、ジェリー・ポラス著、日本語版は山岡洋一訳、日経BP）でビジョナリー企業として賞賛された企業です。大学教授ジム・コリンズ氏、ジェリー・ポラス氏（とおそらくは動員されたであろう多くの学生さん）による徹底した調査と検討の結果、選ばれし18社です。同書では、ある産業においてビジョナリーな企業18社とそうでない企業18社を比較することで論じています。産業要因を排除するという点で面白い検討手法でしたし、徹底した調査がされたことがうかがえる良書でした。

では、その結果はどうでしょうか。

まず前提となるマクロ経済ですが、過去30年の世界のGDP成長率は米ドルベースでみると年4・5〜5・0%（IMFデータ。ちなみに日本は1%）ですから、世界のGDPは30年間で4・

5倍ほどになっています。

先に比較**劣位**企業として取り上げられた企業群をみましょう。18社のうち半分がなくなり、GMは現在も存続していますが一度破綻しました。比較劣位企業に関しては、さすがの洞察力であったといえそうです。

ただし、比較優位企業に劣らない、もしくは上回る業績を残した企業もあります。ウエルズ・ファーゴがアメリカン・エキスプレスを、テキサス・インスツルメンツがヒューレット・パッカードを、ファイザーがメルクを、それぞれ上回る成績を残しています。

比較**優位**企業では、おおよそ半数がGDP成長率以上の結果を残しています。一方で、ボーイング、GEは大幅に悪化、ノードストローム[7]も低迷しています。

また、1990年度以降の純利益の合計金額でみると、上位5社は、ジョンソン・エンド・ジョンソン（約3300億ドル）、ウォルマート（約3300億ドル）、ウエルズ・ファーゴ（約3200億ドル）、ファイザー（約3000億ドル）、シティグループ（図表中では引用書籍に基づきシティコープと表記、約2800億ドル）となり、コリンズ氏およびポラス氏が劣位企業とした2社が入っています。30年以上にわたり競争力を維持し、累計3000億ドル規模の利益を創出する。賞賛に値します。

先に示したマッキンゼーの「エクセレント」企業とも比較しておきましょう。マッキンゼーによるエクセレント企業かつコリンズ氏・ポラス氏によるビジョナリー企業であるのは、3M、

カンパニー」とその後

比較対象企業	純利益の3年平均 30年前	直近	年率成長率	純利益 90年度以降の累計	
ノートン	—	—	—	—	被買収
ウェルズ・ファーゴ	475	17,121	13%	316,144	
マクダネル・ダグラス	—	—	—	—	被買収
チェース・マンハッタン	—	—	—	—	同業と統合
GM	—	10,027	—	—	一度破綻
ウエスティングハウス	—	—	—	—	消滅
テキサス・インスツルメンツ	73	7,640	17%	85,259	
バローズ	—	—	—	—	他社と統合、現ユニシス
ブリストル・マイヤーズ	1,992	7,115	4%	105,584	
ハワード・ジョンソン	—	—	—	—	被買収
ファイザー	730	18,490	11%	299,033	
ゼニス	—	—	—	—	破綻(韓国企業が買収)
メルビル	—	—	—	—	
コルゲート	243	2,084	7%	50,642	
R・J・レイノルズ	—	—	—	—	被買収
エームズ	—	—	—	—	破綻
コロンビア	—	—	—	—	被買収
ケンウッド	▲421	11,706	黒字転換	▲56,561	

図表3：大学教授が選択した「ビジョナリー

	純利益の3年平均			純利益
ビジョナリー・カンパニー	30年前	直近	年率成長率	90年度以降の累計
（単位：百万ドル）				
3M	1,218	1,568	1%	99,171
アメリカン・エキスプレス	868	7,856	8%	120,770
ボーイング	1,121	▲3,786	赤字転落	58,464
シティコープ	697	14,103	11%	281,840
フォード	▲2,544	6,768	黒字転換	105,006
GE	3,892	888	▲5%	261,174
ヒューレット・パッカード	827	4,312	6%	107,597
IBM	▲4,559	4,961	黒字転換	257,128
ジョンソン&ジョンソン	1,426	24,657	10%	329,159
マリオット		2,180		
メルク	2,091	9,311	5%	192,405
モトローラ	643	1,439	3%	22,488
ノードストローム	138	186	1%	11,182
プロクター&ギャンブル	1,043	14,476	9%	265,631
フィリップ・モリス		8,657		
ウォルマート	1,979	13,621	7%	327,794
ウォルト・ディズニー	584	2,498	5%	118,460
（百万円）				
ソニー	57,226	929,959	10%	6,835,867

注：企業群は『ビジョナリーカンパニー― 時代を超える生存の原則』において掲載された企業。社名は原書ママ。左側の企業群はジム・コリンズ氏による「ビジョナリーカンパニー」、右側の企業群はビジョナリーカンパニーの比較対象企業（端的にいえば、同氏がビジョナリーでないと判断した企業）。
数値は、30年前および直近それぞれ3年間の純利益の平均値、およびその年率成長率、1990年以降の純利益の合計値。薄い網かけをした企業は世界経済成長率を上回った企業。濃い網かけは特に厳しい業績であった企業。データベースの制約上、一部データが空欄の企業がある。▲はマイナス。
出所：各社公表資料、SPEEDAにより筆者作成。一部企業につき、データベースと各社公表資料でわずかな違いがあるが、連続性の観点からデータベースのデータを優先している。

ボーイング、GE、ヒューレット・パッカード、IBM、ジョンソン・エンド・ジョンソン、マリオット、メルク、P&G、ウォルマート、ウォルト・ディズニーの11社です。共通して取り上げられた企業でも、エクセレント、ビジョナリーであり**続ける**ことができなかった企業がいくつかあります。

マッキンゼーがエクセレント企業とし、コリンズ氏・ポラス氏がビジョナリーではないとした企業は、GM、ウェスティングハウス・エレクトリック、テキサス・インスツルメンツ、ブリストル・マイヤーズの4社です。GMは破綻し、ウェスティングハウス・エレクトリックは分割されてしまった一方、テキサス・インスツルメンツとブリストル・マイヤーズは素晴らしい業績をあげています。2勝2敗といったところでしょうか。

日本企業2社（ソニー、ケンウッド）もみておきましょう。

ソニー（2024年3月期の業績は、売上高13・0兆円、純利益9706億円）は、日立製作所（同、売上高9・7兆円、純利益5899億円）と並ぶ、日本のハイテク企業の代表的な復活事例といえます。ただし、過去30年間で最終損益は7回赤字でした。

一方、ケンウッド（現在はJVCケンウッド）は、過去30年間の最終損益の合計額は500億円を超す赤字で、コリンズ氏・ポラス氏の見立ては正しかったといえそうです。ただし、直近の2024年3月期においては、米国での無線事業の好調で売上高3595億円、最終損益130億円（黒字）と、今後、両氏を見返すことができるかもしれません。

図表4：日本のハイテク企業　30年前と現在──営業利益での比較

1994年3月期

		企業	営業利益（十億円）
1	6501	日立製作所	213
2	6752	パナソニック	174
3	6758	ソニー	100
4	7751	キヤノン	99
5	6702	富士通	97
6	6503	三菱電機	83
7	6701	NEC	77
8	6502	東芝	68
9	6753	シャープ	49
10	6981	村田製作所	47
11	6971	京セラ	44
12	7752	リコー	36
13	6963	ローム	24
14	6762	TDK	20
15	6645	オムロン	20
16	7741	HOYA	13
17	6479	ミネベアミツミ	13
18	7762	シチズン時計	13
19	6861	キーエンス	12
20	6806	ヒロセ電機	10

2024年3月期

	企業	営業利益（十億円）	変化（倍）
6758	ソニーグループ	1,209	12.1
6501	日立製作所	756	3.5
6861	キーエンス	495	42.8
8035	東京エレクトロン	456	46.7
6723	ルネサス エレクトロニクス	391	―
7751	キヤノン	375	3.8
6752	パナソニック	361	2.1
6503	三菱電機	329	4.0
6981	村田製作所	215	4.6
7741	HOYA	210	16.5
6701	NEC	188	2.4
6762	TDK	173	8.6
6594	ニデック（旧日本電産）	163	105.8
6702	富士通	160	1.6
6988	日東電工	139	15.3
6146	ディスコ	121	194.4
7735	SCREENホールディングス	94	（黒字転換）
6971	京セラ	93	2.1
6857	アドバンテスト	82	（黒字転換）
6479	ミネベアミツミ	74	5.8

注：左側の網かけした企業は2024年3月期においてトップ20社から脱落した企業。右表の網かけした企業は新しくトップ20社に入った企業。
出所：各社公表データ、SPEEDAにより筆者作成

日本のハイテク産業の盛衰

図表4は、日本のハイテク企業の営業利益上位20社です。1990年ごろ、(特に理系の)学生が就職したいと思う企業としては、総合電機5社(日立製作所、東芝、三菱電機、NEC、富士通)、AV機器2社(ソニー、パナソニック)が筆頭だったでしょう。しかし、その業界地図は大きく変わっています。

既述のようにこの30年余で世界の経済規模は4・5倍ほどになっていますから、それ未満の企業は実質的に縮小し

たことになります。4・5倍を達成しているのは、ソニーグループ、キーエンス、東京エレクトロン、村田製作所、HOYA、TDK、ニデック、日東電工、ディスコ、ミネベアミツミなどです。

一方、パナソニック（2・1倍）、NEC（2・4倍）、富士通（1・6倍）、京セラ（2・1倍）は少々さみしい実績といえるかもしれません。また、1994年3月期にはトップ20に入っていたものの、2024年3月期にはトップ20から消えてしまった企業が7社（東芝、シャープ、リコー、ローム、オムロン、シチズン時計、ヒロセ電機）あります。ただし、ヒロセ電機に関しては、2024年3月期の営業利益340億円は1994年の3・4倍になっており、データ整理の「あや」も存在するといえます。

つまり、点と点の比較ですから、たまたま悪かった年、たまたまよかった年がありうることを考慮しなくてはいけませんが、それでも、30年余を経過して世界経済の拡大を大幅に下回る実績は歓迎されません。

人員削減という悲しい現実

2024年、東芝、コニカミノルタ、オムロン、シャープ、リコーは人員削減を公表しています。東芝は過去10年ほどで連結社員数が約20万人から10万人に半減しましたが、さらに4000人の人員削減です。5社合計では、国内人員だけでおおよそ1万人の削減となります。携わる産業が悪かったというのであれば救いがありますが、コリンズ氏・ポラス氏の手法よろしく、同じ産業に属する類似企業と比較すると、そうではないことがわかります。

1990年ごろ、東芝に就職した人。優れた方々であったことは間違いありません。しかし、東芝よりも自社の利益を優先しすぎたように思われる一部ファンドの影響もあって、会社は大変な事態になってしまいました。

初めて就職するときに、40年後を予想することなどできません。もし最初に就職した企業で、その後、個人も企業も発展し、豊かな定年を迎えることができたら、それはとても幸せなことでしょう。定年退職するころになって、「勤続年数10年以上、年齢50歳以上の社員の希望退職を募る」などと言われたら、涙が出てしまいますよね。「この会社に捧げてきた私の人生は何だったのだろう」と。

もちろん社員のほうも、企業に属するのではなく、どこでも通用するようなプロになる必要があります。しかし、経営者側は、退職する社員を温かく送り出せる企業にする義務があると筆者は感じています。

企業別給与　上位1%はどこ?

筆者は現在、上場企業2社に社外取締役として起用していただいていますが、両社には、「社員(ただし、貢献している社員、努力している社員)を大切にしてほしい」とお願いしています。社員を大切にするということは、企業の成長に合わせてきちんと報酬も払うということを含みます。我々の社会が「よい心」主義（給与の多寡とは関係なく、よい心の人ほど豊かな生活を送れる）であればよいのですが、残念ながら「資本」主義である以上、給与の多寡が重要なのは当然だと筆者は考えています。

この数十年の間に、経営者と社員の給与の格差が拡大したことが知られています。優れた経営者が高い報酬を手にするのは当然のことですが、同時に、社員との乖離があってはならない（いかに優れたリーダーとはいえ、企業経営は1人で行うものではありません）と思っており、「経営者報酬」と「社員年収」とが説明のつかないような差にはならないようにお願いをしています。

図表5は日本の上場企業の平均給与トップ40社です。40社としたのは、上場企業は現在約4000社ですから、その上位1％という趣旨です。データの制約で、2005年度と本書執筆時点での直近期2023年度との比較になります。それぞれの年度における平均給与が高いトップ40社で、左表が2005年度、右表が2023年度になります。なお、対象は従業員が1000人以上の企業に限定しています。もちろん年度によって調子のよい産業・企業は変わるでしょうから、どの年度をとるかによっても異なってくることは予想されるため、多少の不公平はありますがご容赦ください。

2005年度も2023年度も上位1％の企業には、総合商社が目立ちます。1990年ごろの「商社冬の時代」「商社不要論」をいわれた時代を克服し（いまの学生さんには、そんなふうに

図表5：社員の給与――上位1%はどの企業？

	2005年度				2023年度			
	企業名称	給与（千円）	平均年齢（歳）	従業員数（人）	企業名称	給与（千円）	平均年齢（歳）	従業員数（人）
1	フジ・メディア・ホールディングス	15,746	39.7	1,384	三菱商事	20,910	42.7	5,421
2	日本テレビホールディングス	14,319	39.8	1,116	キーエンス	20,671	35.2	3,042
3	テレビ朝日ホールディングス	13,654	41.3	1,128	三井物産	18,999	42.3	5,419
4	キーエンス	13,446	31.8	1,529	住友商事	17,588	43.1	5,020
5	電通グループ	13,359	39.2	6,005	伊藤忠商事	17,536	42.3	4,098
6	三菱商事	13,349	42.6	5,943	商船三井	16,755	37.3	1,243
7	三井物産	12,997	41.0	6,089	丸紅	16,547	42.4	4,337
8	住友商事	12,908	42.0	4,637	ディスコ	15,071	37.0	3,272
9	伊藤忠商事	11,948	41.1	4,007	日本郵船	13,788	39.8	1,312
10	アドバンテスト	11,127	38.3	1,445	三井不動産	12,892	40.3	2,049
11	エーザイ	10,940	42.1	3,906	三菱地所	12,732	40.3	1,184
12	双日	10,907	40.0	1,346	東京エレクトロン	12,728	43.7	2,036
13	野村総合研究所	10,796	36.2	3,554	野村総合研究所	12,716	40.2	7,206
14	丸紅	10,675	41.8	3,562	豊田通商	12,626	43.2	2,607
15	三井不動産	10,377	40.6	1,575	双日	12,472	41.4	2,513
16	武田薬品工業	10,301	41.8	5,834	ファナック	12,384	40.0	4,689
17	日本航空	9,725	41.0	14,030	中外製薬	11,981	42.7	4,903
18	ソフトバンク	9,697	36.0	2,686	鹿島建設	11,772	43.7	8,219
19	ファナック	9,523	39.8	1,901	ファーストリテイリング	11,476	38.8	1,707
20	アステラス製薬	9,458	39.3	6,380	電通総研	11,337	40.6	2,039
21	ソニーグループ	9,370	39.0	16,194	INPEX	11,176	39.7	1,384
22	鹿島建設	9,357	44.2	9,234	第一三共	11,135	45.5	5,817
23	大東建託	9,261	40.1	7,296	ソニーグループ	11,132	42.4	2,109
24	豊田通商	9,171	40.9	1,933	アステラス製薬	11,104	42.7	4,806
25	大林組	9,159	44.1	9,474	三菱総合研究所	11,038	41.7	1,150
26	コスモエネルギーホールディングス	9,138	43.0	1,718	武田薬品工業	10,813	43.3	5,474
27	SCREENホールディングス	9,121	42.2	2,354	オービック	10,780	36.1	1,898
28	大成建設	9,115	43.4	9,193	ベイカレント	10,744	31.4	4,321
29	日揮ホールディングス	9,059	42.7	1,868	味の素	10,727	44.5	3,480
30	千代田化工建設	9,007	44.1	1,187	大気社	10,685	42.5	1,654
31	任天堂	8,995	36.1	1,348	大林組	10,660	42.6	9,253
32	出光興産	8,984	45.0	4,447	エーザイ	10,539	44.2	2,984
33	清水建設	8,971	45.1	8,961	電源開発	10,460	41.7	1,862
34	東京エレクトロン	8,748	37.4	1,006	オリンパス	10,411	43.2	2,834
35	日本オラクル	8,725	35.3	1,530	メルカリ	10,357	35.6	1,315
36	三井化学	8,710	44.0	4,459	高砂熱学工業	10,285	42.2	2,230
37	都築電気	8,676	39.7	1,195	大成建設	10,247	42.9	8,720
38	味の素	8,645	38.0	3,460	日本電信電話	10,238	41.9	2,492
39	日本電信電話	8,624	38.6	2,728	東京エレクトロン デバイス	10,224	45.7	1,038
40	ANAホールディングス	8,609	38.6	12,523	アドバンテスト	10,054	46.1	2,011

注：3月期決算、社員数1,000人以上、上場企業の中でのランキング。

左側の網かけは2005年度に上位1% → 2023年度に1%から陥落した企業。

右側の網かけは2005年度に上位1%でなかったが2023年度に上位1%に躍進した企業。

1の桁に関し、公表資料によって、切り下げ／切り上げによるものと思われる違いがある。

出所：各社公表データ、SPEEDAにより筆者作成

いわれたことがあったとは想像できないかもしれません）、過去20年は素晴らしい経営実績です。製薬、総合建設企業も2005年度、2023年度ともに上位に入っています。

出色といえるのは、キーエンスです。35歳で2067万円。2005年度に比べ社員数を2倍に拡大、かつ、平均給与も50％超増やしています。

2005年度にはトップ1％圏外でしたが、2023年度にはトップ1％入りを果たした企業としては、ディスコ（8位、1507万円、37歳）、ファーストリテイリング（19位、1147万円、38・8歳）、INPEX（21位、1117万円、39・7歳）、オービック（27位、1078万円、36・1歳）、ベイカレント（28位、1074万円、31・4歳）、オリンパス（34位、1041万円、43・2歳）、メルカリ（35位、1035万円、35・6歳）などがあります。

1966年生まれの関家一馬社長が率いるディスコは、社内通貨などの斬新な仕組み、半導体製造装置での圧倒的な技術力などで知られる企業です。若い2社（ベイカレント、メルカリ）も目覚ましい成長ぶりです。オリンパスは紙面を賑わした不祥事の後、復活しています。

一方、**2005年度にはトップ1％でしたが、2023年度にトップ1％から脱落した企業**には、放送3社（フジ・メディア・ホールディングス、日本テレビホールディングス、テレビ朝日ホールディングス）、エンジニアリング2社（日揮ホールディングス、千代田化工建設）、石油2社（コスモエネルギーホールディングス、出光興産）、航空2社（日本航空、ANAホールディングス）などがあります。テレビからネットへの移行、化石燃料から自然エネルギーへの移行、感染症の影響などを反映しているといえそうです。

日本　そろそろ復活のとき

図表6は、国・地域別にみたGDPの推移です（IMFデータによる）。米ドルベースで計ると、世界経済は1990年から2023年までの33年間、年率4・8%で成長し、4・5倍ほどに拡大しています。すなわち、過去30年間に関していえば、企業規模を4・5倍ほどにできなかったとすれば、世界経済の成長に追随できなかったということになります。

ちなみに日本のGDPは、1990年から2023年の成長率が年0・9%。図表に掲載した国・地域のなかで最低の成長率になっています。この結果、最盛時には世界のGDPの約15%を占めていた日本は、現在、世界の4%を占めるに過ぎない国に落ち込んでしまいました。

1人当たりでみるとどうでしょうか。**図表7**は世界各国の1人当たりGDPです（同じくIMFデータによります）。

2023年においては、日本は3万4000ドルです（国税庁によると、日本人の平均年収は450万円ほどです）。3万4000ドルは、韓国、スペイン、台湾と同水準、**イタリアの90%程度、フランスの70%程度、ドイツの60%程度、米国の40%程度**の水準になります。米国の40%！　労働時間でみると日本は欧米よりも長いでしょうから、日本人の生産性は極端に低い

（日本のGDPが世界GDPに占める比率）

10年成長率				成長率	対　世界				
1990年	2000年	2010年	2020年	90-23年	1990年	2000年	2010年	2020年	2023年
7%	4%	7%	3%	**4.8%**	100%	100%	100%	100%	100%
8%	6%	4%	4%	4.7%	26%	30%	23%	25%	26%
3%	12%	17%	9%	12.2%	2%	4%	9%	17%	17%
6%	2%	6%	1%	3.2%	7%	6%	5%	5%	4%
11%	5%	1%	▲1%	**0.9%**	14%	**15%**	9%	6%	**4%**
6%	4%	14%	5%	7.6%	1%	1%	3%	3%	3%
7%	3%	4%	1%	3.2%	5%	5%	4%	3%	3%
6%	1%	7%	0%	2.7%	6%	4%	4%	3%	3%
9%	0%	6%	▲1%	2.0%	5%	3%	3%	2%	2%
12%	4%	13%	▲4%	4.9%	2%	2%	3%	2%	2%
8%	2%	8%	0%	3.9%	3%	2%	2%	2%	2%
		19%	▲1%			1%	2%	2%	2%
7%	2%	12%	1%	5.2%	1%	1%	2%	2%	2%
16%	7%	7%	4%	5.6%	1%	2%	2%	2%	2%
9%	1%	9%	▲1%	3.3%	2%	2%	2%	1%	2%
3%	3%	15%	3%	7.2%	1%	1%	1%	1%	1%
	0%	8%	2%	3.7%	1%	1%	1%	1%	1%
15%	7%	3%	4%	4.7%	1%	1%	1%	1%	1%
6%	0%	7%	1%	2.5%	1%	1%	1%	1%	1%
12%	9%	10%	4%	8.1%	0%	0%	0%	0%	0%
6%	4%	10%	▲2%	4.3%	1%	1%	1%	0%	0%
3%	5%	10%	6%	6.8%	0%	0%	0%	0%	0%
▲14%	17%	14%	9%	12.8%	0%	0%	0%	0%	0%
6%	8%	10%	3%	6.8%	0%	0%	0%	0%	0%

図表 6：日本は世界の 4％に後退

	GDP（名目、単位：十億米ドル）				
国・地域名	1990年	2000年	2010年	2020年	2023年
世界	**22,631**	**34,098**	**66,527**	**85,258**	**104,791**
アメリカ	5,963	10,251	15,049	21,323	27,358
中国	397	1,206	6,034	14,863	17,662
ドイツ	1,599	1,949	3,402	3,885	4,457
日本	**3,186**	**4,968**	**5,759**	**5,056**	**4,213**
インド	321	468	1,676	2,675	3,572
イギリス	1,197	1,669	2,488	2,700	3,345
フランス	1,272	1,366	2,647	2,645	3,032
イタリア	1,162	1,147	2,138	1,896	2,256
ブラジル	455	655	2,209	1,476	2,174
カナダ	596	745	1,617	1,656	2,140
ロシア	n/a	278	1,633	1,488	1,997
オーストラリア	324	400	1,255	1,365	1,742
韓国	283	576	1,144	1,645	1,713
スペイン	536	599	1,423	1,277	1,581
インドネシア	138	179	755	1,059	1,371
スイス	266	279	598	741	885
台湾	167	331	444	673	757
スウェーデン	260	263	496	547	593
シンガポール	39	96	240	349	501
ノルウェー	120	171	431	368	486
フィリピン	51	84	208	362	437
ベトナム	8	40	143	346	434
マレーシア	47	102	259	337	416

注：▲はマイナス。
出所：IMFデータ（2024年春）をもとに筆者作成

（1人当たりGDP）

10年成長率				成長率	対　日本				
1990年	2000年	2010年	2020年	90-23年	1990年	2000年	2010年	2020年	2023年
7%	0%	7%	1%	2.8%	154%	100%	170%	214%	297%
6%	3%	9%	▲2%	3.5%	109%	97%	195%	170%	260%
10%	6%	7%	3%	5.9%	49%	61%	105%	153%	251%
7%	4%	3%	3%	3.8%	92%	93%	108%	160%	241%
6%	1%	10%	▲1%	3.8%	73%	53%	125%	133%	194%
6%	0%	6%	0%	1.9%	117%	76%	117%	131%	166%
7%	1%	7%	▲1%	2.8%	84%	62%	106%	108%	158%
6%	2%	6%	1%	2.9%	78%	61%	94%	116%	156%
7%	3%	3%	0%	2.6%	81%	72%	88%	100%	145%
6%	0%	6%	0%	2.2%	87%	59%	93%	101%	136%
9%	0%	6%	▲1%	1.9%	79%	51%	79%	79%	113%
10%	4%	1%	▲1%	**0.8%**	100%	100%	100%	100%	100%
14%	6%	7%	3%	5.0%	26%	31%	51%	79%	98%
8%	1%	8%	▲1%	2.7%	53%	38%	68%	67%	98%
13%	6%	3%	4%	4.3%	32%	38%	42%	71%	96%
		20%	▲1%			5%	25%	25%	40%
3%	5%	8%	1%	4.9%	10%	11%	20%	26%	37%
1%	11%	17%	9%	11.5%	1%	2%	10%	26%	37%
10%	2%	12%	▲4%	3.8%	12%	10%	26%	18%	31%
1%	1%	14%	2%	5.8%	3%	2%	7%	10%	15%
▲15%	15%	13%	8%	11.4%	0%	1%	4%	9%	13%
1%	3%	7%	4%	4.8%	3%	3%	5%	8%	11%
3%	2%	12%	4%	6.0%	1%	1%	3%	5%	7%

図表 7：日本人は米国人のわずか 40%

国・地域名	1人当たりGDP（名目、単位：米ドル） 1990年	2000年	2010年	2020年	2023年
スイス	39,843	38,978	76,826	86,106	100,413
ノルウェー	28,187	38,095	87,824	68,275	87,739
シンガポール	12,763	23,853	47,237	61,467	84,734
アメリカ	23,848	36,313	48,586	64,367	**81,632**
オーストラリア	18,874	20,911	56,591	53,253	65,434
スウェーデン	30,254	29,589	52,659	52,706	56,225
カナダ	21,572	24,297	47,626	43,573	53,548
ドイツ	20,249	23,925	42,380	46,712	**52,727**
イギリス	20,913	28,338	39,642	40,246	**49,099**
フランス	22,490	23,212	42,179	40,529	**46,001**
イタリア	20,501	20,153	35,816	31,789	**38,326**
日本	25,810	39,173	45,136	40,172	**33,806**
韓国	6,610	12,263	23,077	31,728	33,192
スペイン	13,694	14,761	30,567	26,968	33,071
台湾	8,167	14,844	19,181	28,571	32,444
ロシア	n/a	1,898	11,432	10,161	13,648
マレーシア	2,586	4,348	9,047	10,400	12,570
中国	347	951	4,500	10,525	12,514
ブラジル	3,109	3,865	11,579	7,345	10,642
インドネシア	771	870	3,177	3,919	4,942
ベトナム	122	499	1,628	3,549	4,324
フィリピン	829	1,087	2,237	3,326	3,868
インド	369	442	1,351	1,916	2,500

注：▲はマイナス。
出所：IMFデータ（2024年春）をもとに筆者作成

ことになります。また、後ほど登場いただくミネベアミツミ・貝沼由久会長によれば、同社の社員食堂のカレーライスの価格は、日本340円、カンボジア2米ドル、タイ70バーツ（執筆時点で1バーツ＝4・0〜4・5円）で日本円換算でほぼ同じ値段だそうです。

1人当たりでみた1990〜2023年の日本のGDPの成長率は、掲載した国・地域中最低の0・8％。かつて、1人当たりGDPが世界1位であったこと（人口がとても少ない一部の国を除く。1990年において日本約2万6000ドル、米国約2万4000ドル）を知っている人間からすると大変さみしい数字ですし、現在の約3万4000ドルでは、米国で優れた人材を採用することはほとんど不可能でしょう。

逆にいうと、これだけ勤勉な日本人を約3万4000ドルで採用できるということは、日本は明らかに競争力があるということになり、輸出を主とする企業で利益が出ないとすれば何かしら問題がありそうです。

為替については多くの議論があるでしょうが、購買力平価や前述の1人当たり人件費を考えると、現在（2024年春〜秋）の為替水準は、日本国民全体から輸出企業への利益移転にほかなりません。2023年以降の大きな情勢変化への対応において、日本銀行は世界の多くの中央銀行に対して周回遅れであった可能性はないでしょうか？　金利を上げると企業が倒産するから上げられないといいますが（また、他にも考慮すべき要素があることも重々承知していますが）、他国と比較して健全な新陳代謝が行われていないように思われます。この点に関しては第3章で詳述します。

コラム① 村上春樹さんから学ぶ経営

筆者は、所属するフロンティア・マネジメントの自社メディアにおいて、「村上春樹さんから学ぶ経営」を連載しています（筆者にとって村上春樹さんは、全集を購入した唯一の作家です）。「いつも読んでいるよ」とお声がけしてくださる読者の方は日々増えており、深謝申し上げます。連載は2024年11月時点で33回を数え、ここではそのなかからひとつを紹介します（発表当時のものから表記を少しだけ修正しています）。

「世界の仕組みに対して最終的な痛みを負っていない」

戦争、感染症、震災。これらほど深刻なことではなくとも、議論を呼ぶ問題は常に存在しますし、経営においても同様でしょう。ネットの普及もあって最近は百家争鳴、民主的な議論は素晴らしいことですが、その裏返しとして責任を伴わない意見が多くなります。我々一般人はそれでもよいのですが、為政者・経営者はそのようなわけにはいきません。「最終的な痛みを負わない」誘惑に負けず、論理的・長期的判断が重要だと感じます。それでは今回の文章です。

「ぼくが日本の社会を見て思うのは、痛みというか、苦痛のない正しさは意味のない正しさだということです。たとえば、フランスの核実験にみんな反対する。たしかに言っていることは正しいのですが、だれも痛みをひきうけていないですね。文学者の反核宣言というのがありましたね。あれはたしかにムーヴメントとしては文句のつけようもなく正しいのですが、だれも世界のしくみに対して最終的な痛みを負っていないという面に関しては、正しくないと思うのです。」

河合隼雄氏との対談集『村上春樹、河合隼雄に会いに行く』（新潮文庫）からの引用です。

30年以上前のこと。ある家族が、原発に反対し電気料金の支払いを拒否、数か月後に電気を止められ蠟燭とランプの生活になり、家族の会話が増えてよかった……との報道がありました。学生だった筆者は単純に「すごいな」と感心したのですが、後に読んだ曽野綾子さんの『夜明けの新聞の匂い』（新潮社、1990年）では、「水だって電気がなければ供給できない。この家族が通うかもしれない病院も電気が必要。アフリカなど電気がない地域で、人々がどれだけの苦労をし、時に人命も奪われてきたことを目の当りにした人間からすると、安易なセンチメンタリズムが社会主義の表明になる風潮に困惑する」と指摘されていました。

東日本大震災のとき、原発の爆発の映像に恐怖を感じなかった人は皆無でしょうし、何より、福島の方々は筆舌に尽くしがたい苦難を経験されました。しかし同時に、原子力（発電）

が日本の生活を支えてきたことは否定しようもない事実です。スイッチを押すだけで24時間365日電気の供給が保証されている。停電は滅多に起こらない。これは驚くべきことです。誰がどうみても、自然エネルギーが一番よい、このことに議論の余地はありません。原発はひとたび間違うと甚大な被害を与えることがはっきりしました。核廃棄物の処理技術も人類はまだ有していない。しかしながら、電気を使いながら支払いを拒否することは「最終的な痛み」を負っていないのです。

太陽光発電は晴れの日しか発電しません（一般に使用される「太陽電池」という言葉は正確ではなく、蓄電機器ではなく発電機器です）。雨の日、夜間は電気を使わない覚悟があればよいでしょう。電気を蓄えればよいのでは？　もちろん可能ですが、蓄電池はとても高価です。太陽光発電が生み出す電力は不安定なため、停電など予想不可能な障害が起きやすくなります。少し話がそれますが、環境保全のためには（環境負荷が極めて大きい）牛肉を食べなければよいのですが、そのような主張はあまり聞きません。

以上のように、自然エネルギーへの転換を希望するならば、①電力料金の値上げを認め、②公的補助を使わず自ら数百万円で太陽光発電機器と蓄電池を購入し、③酷暑や厳冬に停電が起きても不平を言わない（そして牛肉を食べない）覚悟が必要であり、それが「痛みを負う」ことです。繰り返しになりますが、自然エネルギーが理想であることは明らかですが、そう主張するには相当の覚悟が必要なのです。

経営においても痛みを伴う決断は少なからずあることでしょう。すぐに思い浮かぶのは「やめる」決断です。特に、花形事業が構造的に厳しい事業になってしまった場合です。例えば、エネルギー関連でいえば、石炭事業はまさにそれに該当します。エネルギー供給源として成長産業だった戦前、エネルギー供給源の1位を石油に譲った1960年代、段階的縮小の政策が決定された1991年、実質的に日本の炭鉱がすべて閉鎖された2002年……。産業終息に40年をかけたことになります。

それが丁寧な施策であったとみるか、現実逃避をしたとみるか。自分がその事業に携わる社員だったとしたらどう思うかと考えます。職種転換可能なうちに撤退を決断してもらう、もしくは、一縷の光明に期待して事業を継続し結局40年後に撤退する。前者の場合、「まだ可能性があるのになぜ？」と経営者は強く非難されるでしょう。しかしながら、短期的には道徳的に感じられる後者よりも望ましい判断であるようにみえます。

以上の事例のように、代案なき発言は簡単である一方、痛みを伴う決定は勇気を必要とします（本コラムにおいて原発はあくまで事例に過ぎないこと、誤解なきようお願いします。自然エネルギーが理想であることは論を俟ちません）。

経営は意思決定の積み重ねですから、多数の選択肢のなかから最適なものを論理的・長期的に判断し、そして、その結果責任を負うのが指導者の責務であると、筆者は考えています。それはとても困難でとても重い責任を伴うため、経営者は高い地位と処遇を与えられ尊敬されるのだと筆者は考えています。

《第1章注》

1 以下、62社の選定に関して同書からの抜粋です。
「『変革性』を持つ企業が『超優良企業』と定義できると考えた。そこで、『超優良企業』に関する本格的なチームをつくり、『業績について折紙つきの75社』を選び、欧州企業13社を除き62社とした。およそ半数について徹底的な面談調査を実施、残りについては25年間の新聞・雑誌記事、有価証券報告書を得たのちに、20余の企業について徹底的に面談調査をした。そして、（著者らが）設定した成長性、収益性等に関する6項目の基準を満たすかどうか、また、『業界の専門家を何人か選んで革新性について評価してもらい』、62社のうち19社が漏れた。残った43社のうち21社については『ずいぶんとつっこんだ』面談調査をし、22社については『それほど深い調査』でなく、『?』に分類した12社については『広汎な調査』を行った」
ただし、同書の図表の62社に「?」とされている企業はありません。また、初めの面談と後半の面談が同じものか違うものかは不明です。

2 統合、分割、買収、被買収が頻繁であること、40年前に遡っていることから、一部、筆者の推測が含まれています。

3　本書執筆にとりかかり始めた時点では16社でしたが、2024年9月、日本人にも馴染みの深いタッパーウェア社が破産法を申請し17社になりました。

4　発展的に他社に買収された、他社と統合したなどを含めると、おおよそ半分が法人としてはなくなっています。

5　各種報道によりますと、BNFLが買収したときの価格は11億～12億ドルであったのに対し、東芝の買収価格は54億ドル。その後、東芝の原子力発電事業にかかる損失は1兆円を超えたとみられています。

6　PFASは有機フッ素化合物の総称。消火剤、フライパンの表面など幅広く使用されてきましたが、数千年にわたり分解されず、人体や自然に有害である可能性が指摘されています。3Mは同製品を手掛ける主要企業の1社。米国では極めて大きな社会問題となっていますが、日本ではまだそれほど認知されていません。

7　ノードストロームは徹底した顧客志向の点で多くの経営書に取り上げられた企業です。例えば、顧客がある商品を返品したいと言ってきたとき、その商品は自社では扱っていない製品と知ったうえで快く返品を受け入れた等の驚きの判断を、既出の『ビジョナリー・カンパニー』のほか、『ありえない決断―フォーチュン誌が選んだ史上最高の経営判断』（バーン・ハーニッシュ、フォーチュン編集部著、石山淳訳、CCCメディアハウス）などで知ることができます。本書執筆中の2024年9月、同社創業家が同社の買収を提案したと報じられています。

第2章

人生に必要なことはすべて賢人経営者に学んだ

筆者は30歳のころから、企業経営者の話を直接お聞きする機会を得ることができました。就職して最初に配属されたのが投資情報部、いまでいうアナリスト業務をするところだったためです。反対に、企業幹部の前で講演をさせていただくことも多々ありました。

アナリストの仕事の大きな目的は成長する企業を発掘することで、日々、産業調査、企業調査をしていました。調査をすることはとても面白いのですが、ある日、「経営者の哲学」をまとめてみようと思いました。それこそが最も付加価値が高いのではないか、知的にも面白いのではないかと考えたのです。振り返ると、産業調査→企業調査→経営調査に移行したように思います。

いまにして思えば、小生意気な若輩者である筆者に、よく経営者が「サシ」で会う機会を下さったものだと思います。優れた人ほど人の話を聞く、ということかもしれません。取材が終わるたびに、シャツの重さが1キロ増えたのではないかと思うほど、汗をかきながらの必死の時間でした。

この章では、こうして一流の経営者との邂逅を通じて学んだことを書いていきます。これから経営者を目指す人にも極めて有用と考えます。「はじめに」でも書いた通り、多種多彩な9人の賢人たちです。「ギャンブラー」経営者、「建設的天邪鬼」経営者、「理念」の経営者、「演出家」経営者、「裸一貫」経営者、「最後の砦」経営者、「自律機械企業を創った」経営者、「ブラック・スワン」を捕えた経営者、「戦略と執行」の経営者。

また、ソニーの創業者である井深大氏と盛田昭夫氏には何度も登場いただきます。残念ながら時代的に筆者はお目にかかったことがないのですが、日本が生んだ戦後最高の経営者といっても過言ではないであろう両氏の思考は、これら9賢人の思考を裏付けることが多いのです[1]。

なお、掲載は賢人の年齢順になっています（佐藤氏に続けて紹介する疋田氏を除く）。また、役職は、筆者が取材などで対応いただいた時期のものを基本としています。

1 ローム創業者 佐藤研一郎氏

ピアニストからの転身。ニッチを見極め「賭け」に勝利した経営者

真似できないニッチの見極め——ピアニストから経営者へ

佐藤研一郎氏は立命館大学で学んだ技術者です。同時に、学生時代には日本を代表するコンクールで準優勝するほどの技量を持ったピアニストでした。しかし、ピアニストでは1位になれないと判断、ピアノに鍵をかけ、その鍵を川に投げ捨てました。そして、自宅の風呂場で電子部品（抵抗器）を開発、起業しました。

もしあなたが著名コンクールで準優勝するほどの技量を持っていたら、ピアニストの道をあきらめられるでしょうか？　まず間違いなく、ほとんどの人があきらめられずに過ごすでしょう。天賦の才に決別し、別の道を選択した氏の決断、すなわち、ニッチ（自身の適性）の見極めに感服せざるを得ません（この点については第3章でも改めて議論します）。

ロームを世界的な企業に育てあげた佐藤氏は、自身の持ち株を活用し、音楽財団ローム ミュージック ファンデーションを設立しました。同財団はロームの株式の約10％を保有し、年20億円程度の配当を受け取っています。佐藤氏は自身がピアニストになることは断念したのですが、音楽家の支援・育成に力を入れたのです。

その佐藤氏から学んだ最大のことは、①冷徹な客観視、②ニッチ、③勝負時の見極めです。

「僕はギャンブラー」――大勝負①　巨大企業への挑戦

ロームの売上高のほとんどは半導体で、祖業である抵抗器の売上高は全社の5％程度になっています。社名のローム（ROHM）は、R＝Resistor（抵抗）、OHM＝オーム（抵抗の単位Ω）の組み合わせですが、現在のロームは一般には半導体メーカーとして認知されています。

抵抗器は、地味ですが電子回路には欠かせない電子部品です。パソコン、テレビ、携帯電話、自動車、どんなものにでも抵抗器は必ず使われています。ただ、市場規模は半導体（6000億ドル程度）の100分の1ほどで、時代の寵児ともいえる半導体と比較して、抵抗器は必要不可欠ですが目立たない「縁の下の力持ち」のような部品です。

50年ほど前、全く新しい技術であった半導体産業が立ち上がりつつあり[2]、抵抗器の機能をも半導体が担ってしまうのではないかとの見方がありました（結果的にはその危惧は杞憂に終わりましたが）。そのとき佐藤氏は、「半導体という暴風雨が襲ってくる。頭を低くしていても将来はない。この暴風雨に立ち向かうしかない」と強い危機感を持ちました。半導体は電子部品に比べると設備投資の大きさがケタ違いで、そのため手掛けようとしていたのは日立製作所、NEC、東芝といった巨大企業でした。しかし、ロームは暴風雨を追い風に変えて、電子部品のみならず半導体でも主要な企業のひとつに飛躍したのです。

半導体への参入にあたっては、米国の赤字の半導体企業エクサーを買収しています（1971年）。いまであれば企業買収は珍しいことではありませんが、50年前、しかも米国企業、しかも

図表8：ロームの主要数値（2024年3月期）

損益計算書：	売上高4,677億円	営業利益433億円	純利益540億円
貸借対照表：	総資産14,812億円	純資産9,681億円	
社　　　員：	社員数3,902人	平均年齢41歳	平均年収879万円

出所：公表資料より筆者作成

図表9：ロームの売上高および営業利益の長期推移

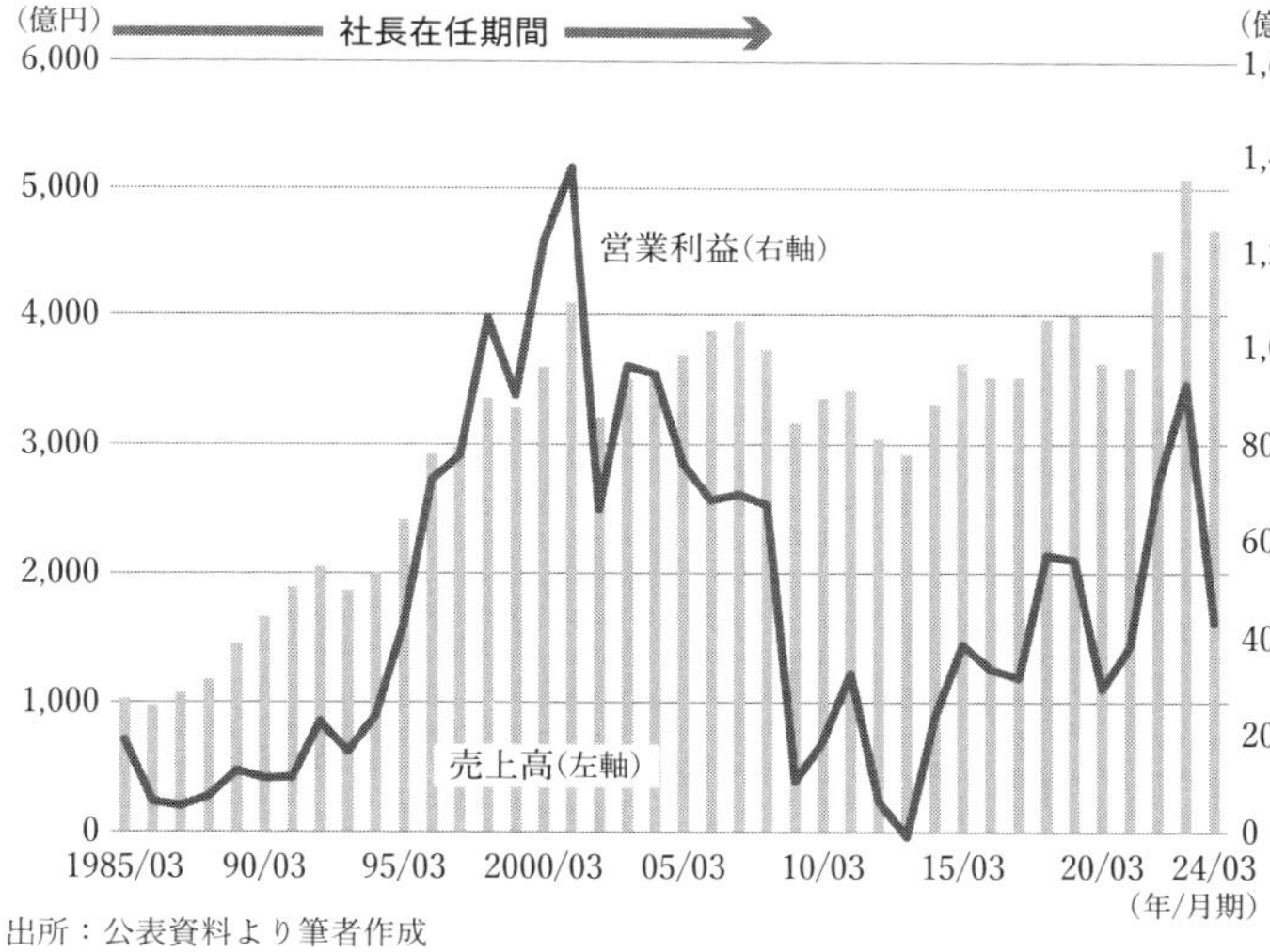

出所：公表資料より筆者作成

赤字企業を買収するなど、凡人にはできない判断です。当時のエクサーは、製品によっては不良率80%、社員の平均勤続年数は1年未満など、惨憺たる状況であったようです。佐藤氏は自ら米国に乗り込んで、品質管理の徹底、社員との信頼関係の構築等によって見事同社を立て直し、発展させました（エクサーはその後、米国で上場も果たし、最終的にはロームとの資本関係はなくなっています）。

抵抗器に集中して成功する選択もありえたわけです。例えば、KOAは抵抗器の専業として売上高751億円、営業利益102億円（2023年3月期）、売上高648億円、営業利益33億円（2024年3月期。顧客の在庫調整の影響を色濃く受け減益）と立派な業績をあげています。

ロームが半導体に進出せず抵抗器に集中していれば、KOAと鎬《しのぎ》を削る企業になっていたかもしれません（これればかりは誰にもわかりません）。半導体産業への参入という乾坤一擲の勝負をした結果、数千億円の売上高、そして、東芝に3000億円出資する規模になったわけですが[3]、もちろん、破綻していた可能性もあります。例えば、半導体が急成長したころ、異業種からの参入が相次ぎました。特に鉄鋼産業は積極的で、新日本製鉄（当時）、川崎製鉄（当時）、神戸製鋼所などがこぞって参入しましたが、すべて撤退しました。巨額の資金と多くの社員を抱える鉄鋼企業でさえ失敗した事業を成功させた佐藤氏は偉大です。

佐藤氏は冗談めかして「僕はギャンブラー」と発言しています。ピアニストの道を捨て起業をしたのも、無謀ともいえる半導体に挑戦したのも、まさにギャンブラーならではのものです。成功確率は極めて低いのですが、このような起業家が社会を豊かにするのでしょう。

大勝負② 正当な対価の要請

ロームの1991年3月期の上期（半年間）の営業利益率は2%まで低下。佐藤氏には許しがたい数字でした。調査したところ、原価割れの製品や過剰サービス（顧客要求に応じた無節操な品種の増加等）が多数あることを発見した佐藤氏は、営業に値上げを指示しました。

当時、同業各社からは、そんなことをしたら顧客が離反し大きく占有率を落とすだろうとみられていたようです。この時代、電子部品は格下にみられていた産業でした。下請け産業が値上げを申し出るなどありえない、というのが常識でした。[4]

さて、興味深いのは、佐藤氏の勝負の結果です。ほとんどの顧客は値上げに応じたのです。この佐藤氏は次の株主総会で、収益悪化の責任があると判断した取締役5人を更迭します。このことによって、「収益性が大切である」という認識が確立したのでしょう。営業利益率は、翌年度の1992年3月期には11％に急回復、同期を含む10年間の平均ではなんと23％になっています。まさしく賭けに勝ったのです。

確かに、価格引き上げを顧客に要請すると仕事を失う恐怖を覚えます。[5] しかし、よく指摘されるように、日本企業の利益率は欧米企業に比べて低く、付加価値以下の価格で提供している可能性があるかもしれません。

また、佐藤氏は一般の社員には穏やかに接しましたが、幹部には厳しい方でした。「**役員は船長のようなものだ。安心して乗っている船員を無事に港まで届ける義務がある。**船長が間違ったら沈没する」と述べています。まさにその通りですが、実際にはその逆の企業があるように思います。

「ファブレス」発想の嚆矢

創業時は多くの企業で同じような状況だと思いますが、抵抗器を開発したのは自宅の風呂場、最初に生産したのは物置小屋で……と資金的に余裕はありませんでした。そこで、全国を訪ね歩き、各地の資産家・企業との合弁企業を設立し、製造を委託しました（それらの企業のうち3社はその後上場しています。ローム、エクサーを含め、佐藤氏はなんと5社の上場企業に関与したことになります）。

この経緯からわかるように「結果としてのファブレス経営」であったのですが、思想的にも「外部活用」の経営者といえます。実は、佐藤氏の父も音楽家で指揮者を務めたこともあるそうです。幼少のころからリハーサル現場に出入りしていた佐藤氏は、父が各演奏者の才能を引き出すのをみて「人に任せる」ことの重要性を感じ取っていたのです。経営とは「演出」であること、この点は、後で紹介するヒロセ電機中興の祖・酒井秀樹氏にも通ずるものです。

話し方講座に通い、心理学も学ぶ

佐藤氏は技術の話を聞くのが好きで、若い技術者に声をかけ飲みに誘うこともしばしば。社歴の長い社員からは「ケンさん」と呼ばれる方でした。しかし、マスコミを含め外部への露出はないに等しく、京都財界の経営者のなかにも「佐藤氏には会ったことがない」と言う人が多くいます。幸い筆者は、当時の社長（佐藤氏は2010年に社長を退任しておられました）や取締役にお願いをして複数回お目にかかることができました。

ちなみに、氏が対外活動をされない理由も芸術家ならではです――「歴史に残るのは芸術だけ」（企業の創業者の名前もやがて忘れられる、重要なことは企業の存続）。

さて、京都の料亭でお待ちしていると、佐藤氏が入ってこられました。まずは筆者の話を聞こうとなり、こちらは必死でいろいろ話していくのですが、聞こえるのは筆者の声だけ。誰も言葉を発しません。佐藤氏が紙をめくる音がやけに大きく聞こえました。30分ほどで筆者の主張の時間は終わりました。佐藤氏は一言も話されません。「あ、終わったな。出入り禁止か」と筆者は思いました。静寂に耐えかねていると、社長が「食事にしましょうか」と言ってくださいました。そして料理が並んだところで、佐藤氏が「よい話だった」と言われました。その瞬間、私は椅子から崩れ落ちる思いでした。

佐藤氏は話し方講座に通い、また、心理学を勉強したと伝えられています。佐藤氏は人の話を遮ることはなく最後まで静かに聞き通します。相手が何を話そうとしているのか、本当に言いたいことは何かを把握しようとしているのだそうです。また、ロームでは電子メールが一般的になった時代においても、メールでの社内報告を禁止していました。対面で話を聞かないと本当のことはわからないという佐藤氏の考えによるものです。

筆者は、佐藤氏の「人を動かすのは利と愛と恐怖だけだ」[6]といった趣旨の言葉を読んだときに、すごい洞察力だと感じたことを覚えています。佐藤氏は人の心理を熟知した経営者であったのかもしれません。[7]

顧客を大切にする

ロームは顧客志向が強い企業でもあります。

いまでは固定電話に電話することも減りましたが、同社に電話をかけてみればすぐにわかります。非常に丁寧な受け応えがされます。この点は、直接訪問をすると、さらに実感できます。受付前には小さな池があり、いつも澄んだ水に美しい鯉が気持ちよさそうに泳いでいます。清掃が行き届いた建物、整理整頓された部屋、磨きあげられた洗面。受付担当者はみな完璧な応対をしてくださいます。

こういった一連の経験から、同社が顧客を大切にしてくれることがよくわかります。

再びの「ギャンブル」で飛躍を目指す

ロームの設備投資額は、2022年度に1261億円、2023年度に1868億円、そして2024年度の計画は1500億円となっています。2024年度計画までの3年間合計で4600億円。売上高の30~35%を投資にまわす計画です。同時に、ロームは東芝に3000億円を出資しており、合わせると8000億円もの投資になります。

これら巨額の投資は主に、シリコンカーバイド（SiC）を使ったパワー半導体事業の強化によ

図表 10：再びの「ギャンブル」で飛躍を目指す ロームの設備投資は3年間で5,000億円に迫る

(億円)	2020.3	2021.3	2022.3	2023.3	2024.3	2025.3 会社計画
売上高	3,629	3,599	4,521	5,079	4,678	4,500
営業利益	295	385	715	923	433	▲150
設備投資	389	441	800	1,261	1,868	1,500
(対売上高)	11%	12%	18%	25%	40%	33%
減価償却費	443	402	420	561	721	892

出所：公表資料より筆者作成。▲はマイナス

るものです。（厳密ではないことを承知で簡略化すると）半導体には信号をやりとりする半導体と、エネルギー（電気）をやりとりする半導体があり、後者をパワー半導体と呼んでいます。電動化が進む自動車産業、エネルギー産業向けなど、同半導体分野が大きく成長することはほぼ確実です。また、パワー半導体の素材はこれまでのシリコン（Si）から次世代のシリコンカーバイドに切り替わると見込まれています。

ロームはパワー半導体がシリコンからシリコンカーバイドに切り替わる技術革新を機会として捉え、挑戦していることになります。ロームはパワー半導体では後発企業ですし、巨額投資の負担は短期的には小さくなく、2025年3月期の営業損益は赤字の計画になっています。50年前、佐藤氏がＮＥＣ、日立製作所、東芝、富士通、三菱電機に挑んだ夢の再現なるか、今後が注目されます。

2 ローム元取締役 疋田純一氏

目から鱗、人と違う発想の建設的天邪鬼経営者

佐藤研一郎氏の右腕としてロームの発展に貢献したのが疋田純一氏です。佐藤氏と同じく立命館大学で工学を学んだ技術者ですが、一般的な人とは違う発想をされる稀有な経営者でした。佐藤氏も「僕とは性格は全く違うが、こんな指揮の仕方もあるんだと気づかせてくれる」と発言しています。

京都駅の新幹線ホームで偶然お見かけしお声がけをしたところ、「一緒に行くか」と言ってくださり、緊張しながら隣の席にお邪魔させていただきました。以下に記す内容は、名古屋までの40分間でお聞きしたものではありませんが、「なるほど物事はこのように考えるのだ」と、大変貴重な経験となったものです。

今日でなく明日を考える経営

ロームの最大事業は半導体であり、半導体事業は固定費（開発投資、設備投資）が大きい、すなわち、稼働率が重要な指標となる事業です……一般的、常識的には。

ところが、疋田氏は「稼働率は70～80%がちょうどよい」と言われる。筆者は驚きました。どの企業も稼働率をいかに100%にするかに四苦八苦しているものと認識していたからです。

「なぜですか？」と尋ねると、こんな答えが返ってきました。

「一番価値があるのは緊急の注文だ。お客様からの○日までに作れるか？　といったような注文。そのような急ぎの注文に応えられると、お客様からの評価が高まる。緊急の無理なお願いにも対応してくれた、と。もちろん、価格も高いから収益性も高い」

「……なるほど！」と筆者はうなりました。通常よりも高い価格で受注しながら、逆に顧客からの評価が高まる。このように考えるのかと、まさに「目から鱗」でした。

その後知ったのは、エーワン精密という企業です。同社の創業者・梅原勝彦氏については後述しますが、創業以来35年間の平均経常利益率が35％と驚異的な実績をあげています。同社は1個からの受注が可能、15時までに受注した製品は翌日までに発送するという、少量かつ高速対応の付加価値を提供しています。梅原氏に話を聞いたときに思い出していたのは、この疋田氏からの教えでした。なるほど、エーワン精密は疋田氏の言う緊急注文に特化しているのだな、と。

もちろんこの発想がすべてではないことは注記しておきたいと思います。例えば、信越化学工業の塩ビ事業。典型的な汎用品事業である同事業においては、「圧倒的に小さい固定費＋規模の経済＋常に１００％稼働」を志向していることが競争力の源泉になっています（金川千尋『社長が戦わなければ、会社は変わらない』東洋経済新報社）。

ニュートンの歴史的発見を生んだ「創造的休暇」

少し話がそれますが、疋田氏からの教えで思い出したのは「ニュートンの創造的休暇」です。1600年代の欧州で、ペストが再び流行しました。欧州の3分の1の人が犠牲になったといわれる1300年代の凄惨な記録も伝えられていたことでしょう。ウイルスの知識もない当時、現代とは比べものにならない恐怖であったことは容易に想像できます。

ケンブリッジ大学も閉鎖され、アイザック・ニュートン（1642年生まれ）は実家に戻っていました。身動きがとれなかったであろうその2年間。物事を深く考える時間ができました。そして、1665〜1666年の2年間に、ニュートンは人類史に残る偉大な業績を残すことになります。万有引力、流率法（ライプニッツとの争いののち、微積分と呼ばれるようになりました）、光の理論です。

どれをとってもノーベル賞受賞に値する業績であり（当時ノーベル賞はありませんし、ノーベル賞に数学の賞はありませんが）、このことをもって、ニュートンが実家で暮らした2年間は「創造的休暇」と呼ばれています。

万有引力の発見は、木から落ちてきた林檎によるものではなくペストによるものだったのです。ペストの流行がなかったとしたら、ニュートンも日々のことに忙しく、世紀の発見、ひいては人類の発展は遅れていた可能性が高いといえるかもしれません。

マイクロソフト創業者のビル・ゲイツ氏が、1週間の「考える週」を定期的にとっていることはよく知られています。その1週間は、腰を据えて本を読み深く考える時間にしているそうです。マイクロソフトが過去20年の劇的な技術変化・産業変化に適応し、競争力を維持しているのは、創業者の深い洞察力によるものではないかとも思うほどです（既述のように、30年前のハイテク産業の覇者のもう1社であるインテルが苦境にあるのとは対照的です）。

グーグルの「20%ルール」や3Mの「15%ルール」など、日常の仕事以外に勤務時間を使ってよい制度がありますが、そのような時間こそ付加価値の高い時間なのかもしれません。稼働率100%は、働いているという充実感はあるのですが、実はある意味、「楽」なことではないかとも思います。逆に稼働率80%は、現在（20%の時間）を犠牲にして将来への投資をしているということになります。稼働率100%の組織には遊びがない。すなわち新しいことができなくなる。**稼働率100%は今日の発想であり、稼働率80%は明日の発想**なのです。

直木賞を受賞した『下町ロケット』（池井戸潤、現在は全4冊、小学館文庫）のモデルになったともいわれる植松勉氏（植松電機社長）も、次のように同じことを言っています。

「会社の稼働率を下げて、なるべく働く時間を短くしているのは、最低限の食い扶持は知恵を使ってさっさと稼ぎ、あまらせた時間で未来のために違うことをやりたいから。（中略）最低限やらなければならないことだけを全力でやってしまうと、最低限の人間にしかなれません」

（『NASAより宇宙に近い町工場』植松勉著、ディスカヴァー・トゥエンティワン）

「営業に行くな」――不況期の過ごし方

筆者がロームを担当しているときに、不景気の時期がありました。そのようなとき、経営者は「不景気なのだから、頑張って売ってこい！　営業件数を増やせ！」と指示をするものと思っていました。ところが、疋田氏は全く逆でした。

「需要が低迷しているときに営業に行ってどうする？　価格の話になるだけでしょ。不景気には営業に行かないほうがよい。草むしりしていたほうがいいよ」

「うーむ、なるほど」と、これも目から鱗でした。草むしりはもちろんたとえですが、続けて以下のように言われたのです。

「営業も製造も暇なのだから、先のことをするよい機会。需要低迷時にじたばたしても意味はない。それよりも、新しい製品を開発する、生産性を改善するなど、先のことを考えるべきでしょ。不景気も悪くない」

また、ロームは、生産設備への投資にあたっては中古製品を積極的に購入することでも知られています。特に不況になると、設備稼働率の低下に悩む企業から買い取るなどの天邪鬼的投資をしていたといわれています。

平凡な企業と優秀な企業では、不景気のときにこそ差がつくのだなと感じました。

「損して得とれ」で全体最適

後述するキーエンス、エーワン精密の競争力のひとつが、同業比で圧倒的に速く製品を顧客に届けられることです。今回は取り上げていませんが、優良企業として知られるＳＭＣも同様です（売上高の70％にあたる製品が３日以内に届けられるそうです）。

迅速な供給が競争力になることは自明で、どの企業もそれを実現したいと苦労しているのですが、問題はそれをどう実現するか、です。顧客は必要なときに必要な量をすぐに欲しいとの難しい要求をします。それに対して、キーエンスは製品の標準化と圧倒的に低い原価率によって、エーワン精密は「過剰」と「圧縮」によって（これらは後述します）、それを実現していますが、疋田氏はやはり「目から鱗」発想です。

例えば、同じ製品でも、顧客によって、１・０Ｖ（ボルト）対応品、１・１Ｖ対応品、１・２Ｖ対応品……２・０Ｖ対応品など、耐圧が違う製品が求められるとします。常識的には、顧客が要望しているのだから仕方ない、それぞれ開発、製造しようとなります。

しかし、疋田氏は違います。それらすべてに対応していてはとても利益が出ない。開発、製造、そして在庫管理は煩雑になるばかり。でも、顧客の要望は叶えなくてはならない。であれば、すべて２・０Ｖ品で統一してしまおう。そして、１・０Ｖの顧客にも２・０Ｖを「１・０Ｖ品です」と言って販売すればよい、と考えるのです。

もちろん、２・０Ｖまで対応できる品を１・０Ｖ対応品と同じ価格で売ることは過剰品質であり「損」です。しかし、供給側としては、開発も生産も効率的、在庫は大きく圧縮できます。顧客も供給企業も幸せです。つまり、部分を捨て全体最適を実現しているのです。

以上は筆者の創作による極めて単純化した例ですが、そのような自由な発想に筆者は驚かされました。

3　マブチモーター創業者 馬渕隆一氏

数多の試練を乗り越え、たどり着いた理念の経営者

出会いと学び

マブチモーターの創業者で当時社長であった馬渕隆一氏に初めてお目にかかったのは、千葉・松戸市の本社でした。いまでは吹き抜けが開放的な美しい社屋に建て替えられていますが、当時は素朴な社屋の和風な一室。隆一氏はマスコミにはほとんど登場せず、この面談も同社の広報部門に頼み込んで実現したものでした。一代で高収益企業を築き上げた経営者というイメージからは想像できないほど、穏やかな方でした。

マブチモーターの起源は、共同創業者である隆一氏の兄・馬渕健一氏が発明した、世界初の新型のモーター（それまでの電磁コイル式ではなく永久磁石を用いた「馬蹄型マグネットモーター」）です。技術に強い健一氏と、技術に加えて経営の才も兼ね備えた隆一氏の兄弟で、マブチモーターを世界最強のブラシ付きモーター企業に育てあげました。

隆一氏からは多くのことを学びましたが、なかでも心に響いたことは、①原理原則に基づいた合理的な判断、②自分を律すること、③「潮の満ち引き理論」です。

図表11：マブチモーターの主要数値（2023年12月期）

損益計算書：	売上高1,786億円	営業利益 155億円	純利益194億円
貸借対照表：	総資産3,366億円	純資産3,050億円	
社　　員：	社員数845人	平均年齢45.0歳	平均年収695万円

出所：公開資料より筆者作成

図表12：マブチモーターの売上高および営業利益の長期推移

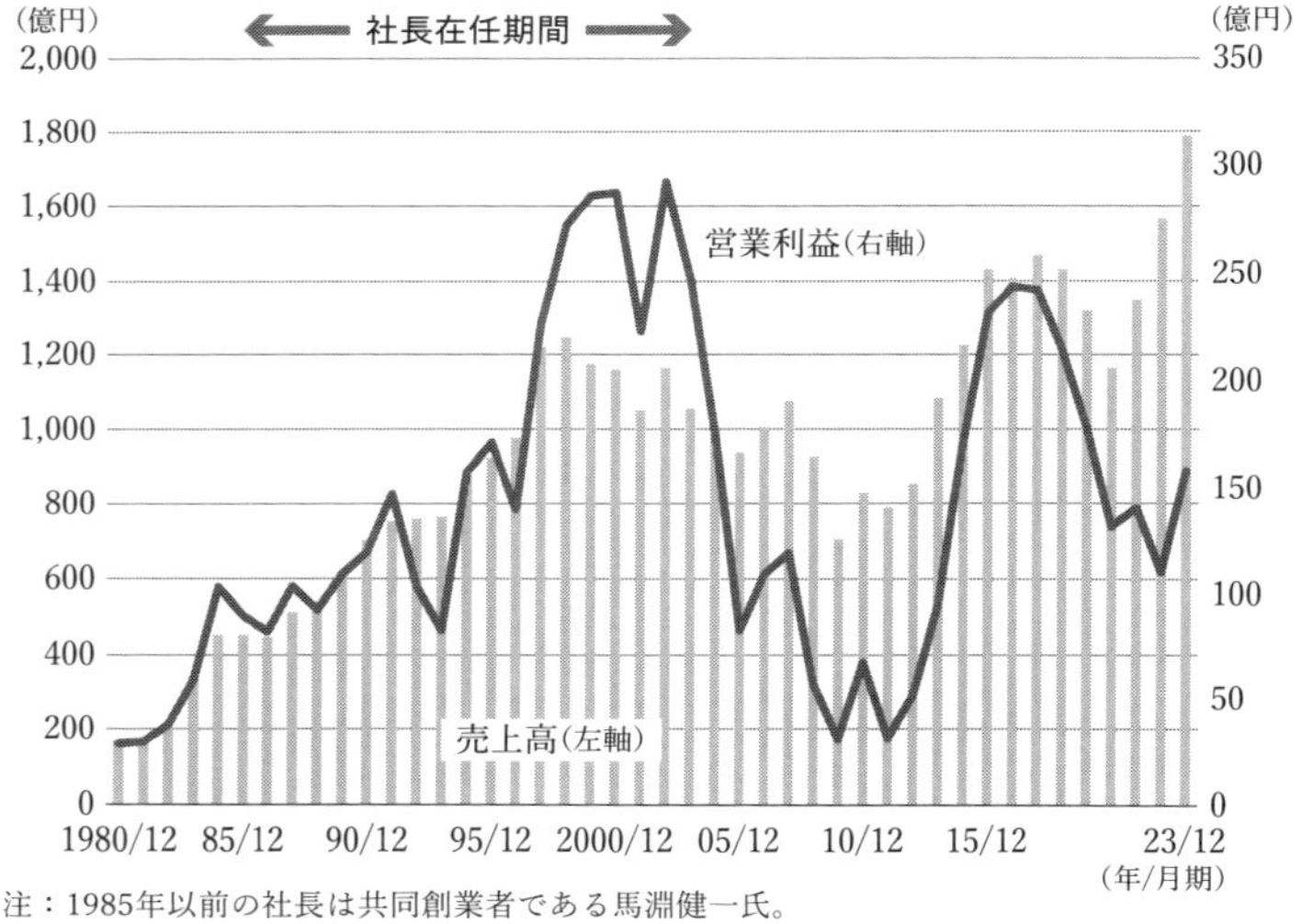

注：1985年以前の社長は共同創業者である馬淵健一氏。
出所：公開資料より筆者作成

経営理念と実践

マブチモーターの経営理念は「国際社会への貢献とその継続的拡大」です。教科書に出てくるような言葉ですが、同社の場合、その理念が言葉だけではなく実践されていると感じました。

例えば、当時としては革新的であった電子制御のモーターの生産を海外にシフトするにあたって、台湾企業との合弁である生産子会社が設計図の開示を求めてきました。製造業において最重要情報である設計図を開示することは通常ありえず、事実、隆一氏も悩んだそうです。しかし、「マブチモーターの存在意義は社会貢献である。人間の知恵は無限であり、設計図の開示ぐらいで競争力を失うのならば当社の存在価値はない」と判断し、完全開示に踏み切りました。凡人にできる判断ではありません。

競争、試練を楽しむ

隆一氏は、「競争を『楽しむ』」と言います。

例えば、アジアのメーカーが自社よりも安値で製品を売り出したときに、「ああ、もう駄目だ」と感じるようでは失格だと、隆一氏は考えるそうです。「どうしてそのような安値を実現できるのか」を考えることにより、自社の弱点を発見することができるからです。問題や障害の発生は、自分の弱点を改善できる好機と捉えるべきであり、競争があるからこそ切磋琢磨し、発展することができるのであって、「競争が厳しい」と言うようではまだまだなのだと。確かにその通りですが、これも凡人にはできない発想です。

試練についても同様です。隆一氏は創業以来50年間の経営のなかで、工場の火事、歩留まりの急低下、労働争議（戦後日本においては一時期、企業家が悪とみなされる時代があったようです。日本企業の社史には、多くの企業で労働争議について書かれています）、同業者による事実無根の風評、他社の追い上げ……などなど、さまざまな困難を経験したそうです。

それらのストレスは想像を絶するもので、胃潰瘍になり、体重は激減、薬を常時服用する時期もあったといいます。しかし、40歳のころ、「問題や障害は自分が成長するための糧である」と悟り、その後は、精神的な余裕を持って臨めるようになったとのことでした。

予防の哲学――「潮の満ち引き理論」

隆一氏は次のような例を挙げて、地道な努力の重要性を説いていました。

「潮が引いて海岸がゴミで汚れていたとしても、潮が満ちてゴミが隠れてしまうと、人は問題を忘れてしまう」

これは、自身が40代で病気を患った経験も反映されているとのことでした。病気にならないようにするにはどうすればよいか？　日頃から予防をすればよい。企業経営も同じで、「病気」にならないように意思決定をすればよい。小さな問題と侮っておろそかにしておくと、やがて制御不能な問題になってしまう、というわけです。

例えば、海外生産移管もそのひとつの証左といえます。１９９０年代、製造業に携わる日本企業の多くが生産をアジアに移管し始めましたが、マブチモーターは１９９０年には既に海外生産比率１００％への移行を完了していました。他に手立てがなくなり慌てて海外移管する企業との差は大きいといえます。

さらにいえば、第3章で述べる、本当に優れたリーダーとは**問題を解決するリーダーではなく、問題を起こさせないリーダーである**、を実践した経営者なのです。

価格決定にも理念——浮利を追わず長期視点

京セラ創業者の稲盛和夫氏がいみじくも発言されているように「値決めは経営」（最も重要な意思決定事項のひとつ）といえます。顧客に満足を与えつつ、自社の利益を極大化することは非常に重要ですが、価格設定はとても難しいことです。

価格設定を大きく分ければ、①供給企業視点での設定（コスト＋適正な利益）、②顧客視点からの設定（顧客にとってその製品を使うことで享受できる価値）の2つになるでしょう。

例えば、後述するキーエンスは、明らかに②の顧客価値基準です。顧客にとって同社製品の価値が500万円（例えば、キーエンスのセンサーを導入することで、顧客は生産ラインの人員を1人減らすことができる）であれば、キーエンスの原価にかかわらず500万円を若干下回る値付けが合理的です。

一方、隆一氏の基本的な考え方は①供給企業視点、すなわち、その製品の提供にあたって必要なコストに適正な利益を上乗せするというものでした（ただし、ここでいうコストは最大限努力した結果のコストという条件が付きます）。

マブチモーターにおいては、過去に以下のような事例がありました。

あるモーターについて、同業他社の販売価格は1400円、顧客の希望価格は1000円でしたが、マブチモーターは200円で販売しても十分な利益が見込めるとして同業他社や顧客の希望価格よりも大幅に低い価格を設定しました。社内では、もっと高い価格で販売すべきという意見もありましたが、隆一氏は認めませんでした。

なぜでしょうか？　隆一氏は次のように発言しています。

「短期的には利益が増えるが、過剰な利益を得られる価格は新規参入を招く。努力によりコストを削減し、さらに価格を下げることにより市場は広がり、新規参入も防ぐことができる」

「働き以上のご馳走を食べてはいけない。麦飯が一番だ」

「下り坂を自転車で下るのは楽だが待っているのは谷底だ」

「試練を楽しむ」「予防の哲学」同様、隆一氏の思考・姿勢がマブチモーターを世界的企業に発展させたと感じます。

競争力の源泉である標準化とそれを支える仕組み

マブチモーターの競争力の源泉のひとつが標準化であることはよく知られています。隆一氏に取材をした2002年度における生産量は17億個程度と膨大な数でしたが、その70～80％が標準品であり、（外観で区別可能な）製品数は50程度しかないとのことでした。即ち、1製品当たりの生産量が大きく、競合企業が追随することを難しくしていました。

1960年代の急成長期において、生産量の急増、製品数の増加、顧客ごとの仕様の増加など対処すべき問題が生じ、その解決策として健一氏と隆一氏は製品を標準化することを決めたそうです。

もちろん、標準化は諸刃の剣でもあります。模倣を容易にするからです。標準化による少品種大量生産とそれぞれの顧客に対応した多品種少量生産の、どちらが正しいということではなく、方針が明確でかつ徹底していることが重要だと思われます。

また、生産においても、世界の工場の生産方法を標準化しています。これにより、自社グループ内の複数の工場がお互い競争相手として切磋琢磨する。製品や工程が標準化されているため、工場ごとの生産性の比較がしやすいのです。また、筆者が2000年代前半に中国・大連工場を訪問した際に面白いと思ったのは、労働者の契約期間を1年、4か月、3か月と異なるものにして、需要変動に対応しやすくしていることでした。このようなちょっとした工夫をできるか否かが、企業の競争力を左右するように思います。

業績V字回復——実践された創業者の教え

安定して20%を超える営業利益率を計上し、多くの経営書で取り上げられてきたマブチモーターでしたが（過去最高営業利益は2002年度の291億円〈売上高1163億円、営業利益率25%〉）、2000年代半ばから業績は急速に悪化、2009年度には売上高703億円、営業利益30億円（営業利益率約4・3%）まで落ち込みました。営業利益率4%でも悪くはないのですが、優良企業の呼称を欲しいままにしてきた同社にとっては許容しがたいものでした。

80%を超える世界占有率を誇り最大称賛されてきたマブチモーターに何が起きたのか——。

の収益源であったCD・DVDプレーヤー用モーターの激減です。最盛期には、同モーターの売上高は全社売上高の30〜40%を占めていましたが（利益貢献はさらに大きい）、中国企業の台頭に加え、CD・DVDプレーヤーそのものの需要減少もあり、同モーターの売上高が激減したのです。

実は、創業者の「潮の満ち引き理論」に基づき、経営陣は（業績が順調であった）2000年に新用途開拓プロジェクトチームを組成していました。このプロジェクトでは、モーターが使用されている「ありとあらゆる」製品を調査したそうです。そうして調べあげた膨大なモーター用途のなかから、同社が競争優位性を発揮できると見込んだ1製品（ひとつだけです）を選択し、事業化しました。それが自動車のパワーウインドウ用モーターで、いまでは同社の主力製品に育っています。CD・DVDプレーヤー用モーターの需要の減少が予想より早く、業績が低迷する期間がありましたが、2016年度には売上高1406億円、営業利益242億円、営業利益率17%へとV字回復を果たしました。数年の時間は要したものの、「日頃から予防する」という隆一氏の考え方が浸透し、実践されたことを示しています。

以上の、マブチモーターの産業変化への対応——徹底した市場調査と新技術の獲得による用途展開——については、拙著『電子部品—営業利益率20%のビジネスモデル』（日本経済新聞出版）で詳細を紹介しました。新規事業育成を検討している企業にはとても有益な事例です。

4　ヒロセ電機中興の祖 酒井秀樹氏
30人企業を1000億円企業に変えた「演出家」経営者

酒井秀樹会長（当時）に初めてお目にかかったのは、東京・五反田の本社（当時。現在は神奈川・横浜市に移転）でした。営業利益200億〜300億円（当時）規模の企業の本社にはとてもみえない質素なビルです。酒井氏はマスコミに出ることはほとんどなく、当時懇意にしていただいていた同社取締役に頼み込んで実現した面談でした。取材が終わると、酒井氏は取締役に「飲みに連れて行ってあげな」とおっしゃいました。会長室を出るとすぐに取締役から「この前、会長に会わせた人は、2度目はなかったよ。君はよかったね」と聞かされ、肝が冷えました。

酒井氏からは多くを教わり、特に、①外部資産の活用、②高付加価値工程への集中、③「All Niche Top Rule」（市場規模は小さくてもよいから、参入した分野では1位になる）は響きました。数値目標「新製品比率30％以上、損益分岐点比率50％以下」にも驚かされました。

中興の祖――3万人を断り30人を選択

ヒロセ電機の創業者は廣瀬銈三氏。酒井氏はまさに中興の祖といえます。酒井氏は1934年生まれ。高校時代、演劇部で演出を担当。演劇に携わる多くの人間を指揮した経験から、小企業のほうが自分の演出ができるとの考えで、社員3万人の巨大総合電機企業の内定を断り

図表 13：ヒロセ電機の主要数値（2024 年 3 月期）

損益計算書：	売上高1,655億円	営業利益340億円	純利益265億円
貸借対照表：	総資産4,034億円	純資産3,641億円	
社　　　員：	社員数949人	平均年齢40.6歳	平均年収866万円

出所：公開資料より筆者作成

図表 14：ヒロセ電機の売上高および営業利益の長期推移

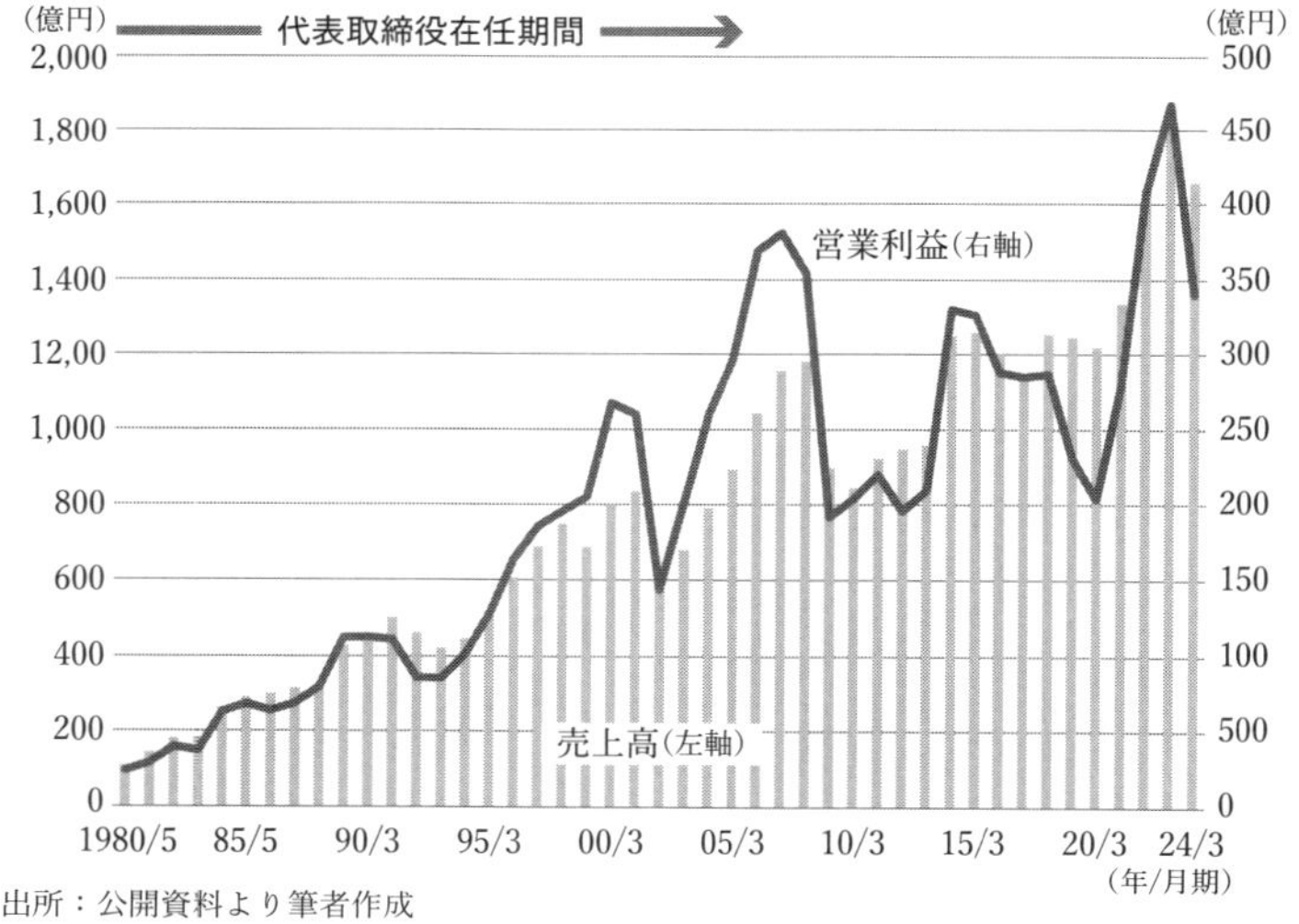

出所：公開資料より筆者作成

（当時、この会社の内定を断る人がどれだけいたでしょうか!?　ちなみに、ソニー創業者・井深大氏はこの巨大企業の就職試験に落ち、その後起業しています）、小企業を選択、1952年にヒロセ電機に入社しました。当時の社員数は30人程度であったそうです。3万人ではなく30人を選択したのですね。まさに人生を変えた意思決定です。

早くから廣瀬氏の薫陶を受け、26歳で技術部長になりました。実際は廣瀬社長の側近として経営の補佐役であったようで、部長としての最初の仕事は賃金体系の構築、その後、長期計画の作成に携わったそうです。

銀行から「後継者をどうするのか、うちから派遣しましょうか」と言われた廣瀬氏は、「銀行に酒井より優秀な奴がいるのか？」と答えたそうです（小説でこんなセリフを使ったら嘘っぽいとダメ出しをくらうでしょう。事実は小説よりも奇なりです）。１９７１年に廣瀬社長が逝去されると、37歳で社長に就任。社長としての最終年度の１９９９年度の業績は売上高８００億円、営業利益２６７億円。わずか30人の会社をここまでに育てあげた酒井氏には、脱帽の一言しかありません。

世界の英知をつなぐ──「経営は演出である」

酒井氏の経営思想の根幹は「英知をつなぐ」です。筆者なりに解釈をしますと、「経営とは演出である」となります。劇の演出は、物語、演者、舞台装飾など多くのことをひとつの作品に昇華させることといえるでしょう。経営も同じです。会社の内部（人材、設備等）、外部（人材、企業、研究機関等）を活用して、新しい価値を生み出すことにほかならないからです。酒井氏の場合、内のみならず外にまで視野が広がっていることが、一般的な経営者と違うと感じます。

演出家出身の経営者といえば、個性的経営者として著名な、岐阜県にある未来工業の創業者・山田昭男氏がいます。[8]「日本で一番休みが多い会社」として知られますが、ちょっと変わったエピソードには事欠きません。例えば、同社には守衛はおらず鍵もかけません。「（会社には）

盗られるようなものはなく、警備費用がもったいない」との考えによります（実際、盗難被害はないそうです）。山田氏は仙人のような風貌。未来工業を興すまでは劇の演出家でしたが、それではご飯が食べられないとあきらめ起業しました。演出を経験することは、経営者としてはよいことなのかもしれません。

閑話休題。酒井氏は、企業の差異化は「知」によってのみ実現される。しかし、自社の知には限界があるから、**内外の知を有機的に結びつけ、より高い知に昇華させることが事業**である、と考えていました。

例えば、光通信というひとつの分野をとってみても、世界では数万人、もしかしたらそれ以上の技術者が研究開発を行っているはずで、ヒロセ電機の技術者だけでそれらに対抗することはとても現実的ではありません。社内だけに経営資源を求めていては競争力を持ちえず、社内外の資源を有機的に結合させることが必要だとの考えです。そのため、ヒロセ電機の〝枕詞〟は「英知をつなぐ小さな会社」なのです。そのような思想の会社の事業が、回路と回路をつなぐ電子部品コネクターであることは面白いです。

酒井氏自身の時間配分をみても、外部活用をしていました。酒井氏に日々の時間配分をお聞きしたところ（経営者は企業の最大の経営資源であり、その資源をどこに「投資」しているかを確かめることは極めて重要です）、30％程度が勉強（読書、人の話を聞く）、30％程度が会議・接客、40％程度が執務（社員の採用、投資の決断、経費のチェック）とのことで、筆者は「勉強」の割合が非常に高いと感じました。これ（読書、人の話を聞く）こそ経営者自身の外部活用といえるのではないでしょうか。自身、自社の知識だけではなく、外部の知恵・知識を活用しているのです。

ちなみに、「勉強」の関心事は何でしょうかとお聞きしたところ、①日本の製造業はどのようにして生き残るのか、②技術動向、③生産技術、④歴史、⑤経済、ということでした。

通常の企業では、どうしても視野が社内に限定されてしまっているのではないでしょうか。最近はいわゆるオープンイノベーションなる活動が盛んですが、酒井氏は50年ほど先行していたように思います。

自らの知を社内につなぐ

酒井氏は月に2回、課長職以上の社員を全国から本社に集め、報告を受けると同時に指示を出し、また社会、経済、政治情勢に関して講話することで、同氏の考え方を浸透させる努力をしていました。

幹部をすべて集めての講話では、セブン－イレブン・ジャパン（現セブン＆アイ・ホールディングス）創業者・鈴木敏文氏がよく知られています。鈴木氏は全国に配置されているオペレーション・フィールド・カウンセラー（OFC：加盟店を回り、各店舗のオーナーに経営カウンセリングを行う社員）を月に2度、東京の本社に集め講話を実施していました。

ヒロセ電機にせよセブン－イレブンにせよ、日本中の幹部を集合させるコスト（セブン－イレブンの場合は多い時期で2000人を東京に呼び、その運営コストは年間30億円との報道もありましたが、交通費・宿泊費以上に人件費が相当なものです）はとても高額ですが、賢人の話を聞くことは、それを大幅に上回る価値があるということでしょう。

逆にいうと、経営者は、莫大な費用をかけてまで共有に値するほどの講話ができるだけの英知を持たないといけないということです。ちなみに筆者の場合、「日本経済新聞」で最も重要な記事は何かと聞かれたら、土曜日朝刊の「リーダーの本棚」と答えます。他の記事のほとんどは時間的に価値が減耗する、すなわち、記事の価値の多くは時間価値ですが、「リーダーの本棚」は時間に左右されることのない本質的な価値を持つからです。

「東京から遠い遠い町」——人と違う思考

ヒロセ電機の主力工場は岩手・宮古市にあります。宮古市は、東京からとても遠いところにあります。鉄道、船、飛行機、自動車、何を使っても片道5時間かかります。当時の私は、どうして主力工場がそのような不便な場所にあるのだろう（筆者も名古屋まで1時間かかるところの出身ですが）、普通は工場団地に入り、皆でインフラを共有することでコストを下げるのではないかと考えました。そこで、酒井氏に「どうして宮古を選択したのですか？」とお聞きしたところ、「君は若い（笑）」とおっしゃいました。

常識的には工場団地に進出する。インフラを皆で共有することでコストを下げられるのはその通りだろう。しかしそれでは差異化にならないし、うちのような小さな企業は埋没する。宮古ならソニーはいない。人を採れる。独自の地位を築ける……といった趣旨のお答えでした。

「なるほど、このように考えるのだ！」と、筆者は目から鱗でした。宮古市は、もともとは漁業のまちでした。しかし、コネクターのまちとして発展し、市の税収のかなりの割合がヒロセ電機に関連するものになったのです。酒井氏は１９９７年に宮古市市勢功労者（産業功労者）に選ばれています。ヒロセ電機と宮古市の相思相愛。酒井氏の天邪鬼思考の結果です。

「苦労して利益率10％でどうする」――高利益率へのこだわり

酒井氏が社長、会長時代のヒロセ電機の営業利益率はおおよそ25％でした。ＩＴバブルが崩壊しハイテク企業でも赤字続出となった２００１年度においても24％（売上高６１１億円、営業利益１４４億円）を計上し、さすがヒロセ電機と業界をうならせました。２００１年度に20％以上の利益率を計上したハイテク企業は、世界でも極めて少数です。

高利益率志向は、創業者・廣瀬氏の「なあ、酒井。銀行に預けても10％の利子がつく。苦労して事業をして10％の利益率でどうする」との言葉[9]。また、酒井氏の「中小企業が自身を際立たせるための方法」との考えに基づいています。

その後、２０２３年に30年ぶりの株価高値更新が話題になった巨大製造業の財務責任者、いわゆるＣＦＯにお目にかかったときにも同じことを聞きました。このＣＦＯは総合商社からの転身でしたが、「転職して驚いた。商社と違って、製造業は研究して、開発して、製造して、販売する。それだけ苦労して（利益率）5％はおかしいのではないか？」とのことでした。

「どうしてヒロセ電機は高利益率か」との問いに対する酒井氏の答えは、単純なものでした。

「高収益製品以外は事業化しないから」

うーん、確かにそうなのですが（笑）。どの企業もできれば利益率が高い事業を営みたいと思っているのですが、なかなかそうはならないのです、と反論したくなりますが、確かに、利益率が高くない企業は自ら自身の価値を限定してしまっているのかもしれません。

こうしてみると、高利益率は結果であると同時に要因、意思であるように思います。高利益率を前提としているから高利益率なのです。

酒井氏は、目標とする利益率を見込めない事業の継続は悪と考えていました。一般的な企業においては、事業の取捨選択を謳いながら、低収益、赤字事業を継続している事例が見受けられます。事業を始めるのは、ある意味簡単かもしれません。しかし、やめるには強い意志が必要です。事業の見直しに関しては第3章でも触れます。

また、そもそも低収益事業を継続しないためには、それぞれの事業が低収益なのか高収益なのかを判断するためのデータが必要です。ヒロセ電機は約4万5000（当時）の全品種に関して利益率を把握し、酒井氏は社長時代には、製品ごとのデータをチェックしていたとのことでした。

新製品開発へのこだわり

恒常的に同業平均を上回る利益率は、優れた製品開発力なしにはありえません。同社においては、営業社員は顧客の購買部門のみならず技術部門も訪問し、顧客のコネクターへのニーズを吸い上げないと評価されないそうです。営業社員は営業報告書を毎日提出することを求められ、開発担当者は営業報告書を製品開発のヒントにする。酒井氏は、製品開発においては「待ち伏せ」が重要と指摘しました。つまり、顧客がすでに気づいているような製品では高収益は難しく、顧客が欲しがるであろう製品を開発することが重要との考えです。確かに、顧客から「このようなものを開発できない?」と聞かれる場合には、おそらく他社にも声をかけている（すなわち価格競争になる）ことでしょう。

「どんな人が開発者として成功しますか?」との質問に対しては、酒井氏はこう答えました。

「開発者が優秀かどうかは実際に採用してみないとわからないことが多く、また、独創的な開発能力は教育できる性格の能力でもない」

5　エーワン精密創業者 梅原勝彦氏
裸一貫、35年平均利益率35％企業を創った経営者

拙著『この本を読まずに死ぬな！　人生を変える珠玉の15冊』（静山堂出版、2018年）を書かせてくれたのは、梅原勝彦氏との出会いです。

エーワン精密は、コレットチャック（機械加工に使われる治具）を主力製品とする企業です。梅原氏は創業から社長退任までの35年間ほどの営業利益率で35％という素晴らしい実績を残しています。直近の2024年6月期業績は売上高16億円、営業利益1・6億円と機械産業の低迷を反映して落ち込んでいますが、長期にわたりこれだけの利益率を維持してきたことは驚くべきことで、筆者は梅原氏から多くのことを学びました。

小学校卒業と同時に働き、裸一貫で人生を切り拓いた経営者

梅原氏は1939年生まれ。父の経営する企業が倒産したこともあり、小学校を卒業した12歳から工場で働き始めました[10]。働きながら夜間中学校を卒業し、1965年に実兄と会社を設立。その後、1970年に独立しエーワン精密を創業。

梅原氏は自ら考え、自ら人生を切り拓いてきた方です。小学校卒業後すぐに働き始めるということは、いまの日本ではもうありえないことですが、自分が同じ環境に置かれたとしてもと

図表 15：エーワン精密の主要数値（2024 年 6 月期）

損益計算書：	売上高16億円	営業利益1.6億円	純利益1.2億円
貸借対照表：	総資産89億円	純資産81億円	
社　　員：	社員数116人	平均年齢40.6歳	平均年収465万円

出所：公表資料から筆者作成

図表 16：エーワン精密の売上高および営業利益の長期推移

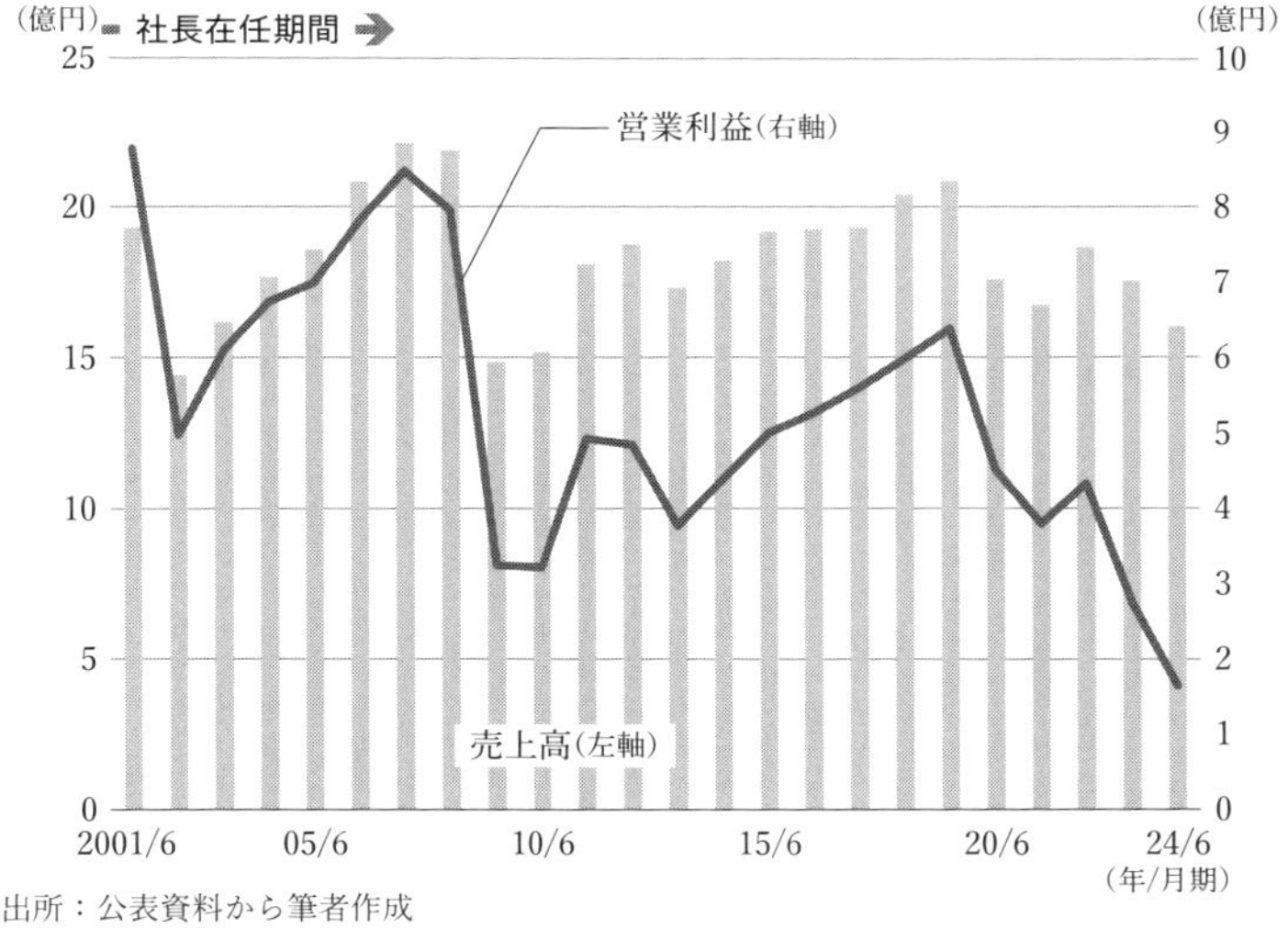

出所：公表資料から筆者作成

ても梅原氏のようなことはできません。そして、本論とは少し離れますが、以下のようなことを思います。

それは、社員からは「うちの会社の教育制度はなっていない」といった不満をよく見聞きし、逆に、企業側からは「弊社の教育制度は充実しています」といったアピールがされます。しかし、筆者は、これはおかしいと思うのです。企業とは、社員に報酬を支払い、社員はそれに見合う成果を提供する組織です。学校とは違うのです。学校は学生側がお金を払っており、それに見合う教育を学校側が提供する義務がありますが、企業は真逆です。

ソニーの創業者・盛田昭夫氏は、「ソニーの教育制度はどうなっていますか?」と聞いた学生に落胆しました。うちは教育機関ではない、と。「教育制度がどうなっていますか?」と聞く学生は学習意欲があるという点では素晴らしいのですが、自身に求められていることを誤解しています。

「認知と適応」──年商の2倍!の装置を購入

第3章で触れますが、経営は「認知と適応」と考えられ、梅原氏の意思決定はまさに絵に描いたように美しい事例です。

梅原氏は「ろくろ」の職人として働き、20代前半で一流の職人となり、30人の部下を抱え同年代の社会人の数倍の給与を得ていたそうです。しかし、高精度な加工が可能な「カム式自動旋盤装置」が登場し、どんなに優れた職人であっても勝てなくなる可能性に梅原氏は危機感を持ちました。

そこで、梅原氏は逆転の発想をします。「自動旋盤の普及によって需要が増えるものを仕事にすればよい」。そこで、自動旋盤に必要なカムと呼ばれる部品を製造する企業を、実兄とともに創業します。独立直後から事業は順調でしたが、5年を経ずして再度転機が訪れます。数値制御旋盤装置、すなわちコンピュータで制御する装置が開発されたのです。コンピュータにデータを打ち込むだけで高精度の加工が可能であり、とても人間はかないません。

このとき、梅原氏は驚きの決断をします。**勝てないならそれを味方にする**との発想とでもいいましょうか、数値制御の装置を購入することにしたのです。が、価格は当時の年商のなんと2倍。設備投資とはいえ高額すぎて危険だと実兄は大反対（当然です）。仕方なく、梅原氏は独立を決断しエーワン精密を創業、本当に同装置を購入してしまったのです。結果は……最先端の装置を武器に売上高は順調に拡大、装置購入のための借り入れも短期間で返し終えることができました。同装置のメーカーに問い合わせたところ、この装置は6台製造、うち2台は同社の内部使用、1台は梅原氏が購入、残りの3台はまだ売れていなかったため、梅原氏はその3台も購入し、カム産業で圧倒的な占有を成し遂げたのです。

成功に満足せず、次の一手

カムで圧倒的な占有率を獲得したのですが、「数値制御装置の価格はいずれ下がり同業他社も購入するようになるだろう、そうなれば自社の競争力は減退する」と考えた梅原氏は、次の手を打ちます。カム事業が厳しくなった場合に備えての新規事業です。それが「コレットチャック」といわれる治具でした。参入当初は歩留まりなど苦労の連続でしたが、数年後には黒字となり、コレットチャックでも過半の占有率を獲得、同事業は稼ぎ頭になりました。

新規事業を始めるにあたっては、①必要とされ続ける製品か、②利益が出せるか（多くが売上高に目を奪われすぎている、と梅原氏は指摘しています)、③1位になれるか——の見極めが重要であるとしています。

梅原氏は、「**新規事業は業績がよいときに取り組まなくてはいけない**。業績が悪くなってからでは時間的にも資金的にも余裕がなく、成功の確率が下がる」と述べています。これはまさに、前述のマブチモーター創業者・馬渕氏の予防の哲学と同じ思考といえます。

利益を出す仕組み——キーワードは「過剰」

エーワン精密の最大の競争力は納期の短さにあります。午後3時までに受けた注文の70%は当日発送となっており、同業よりも圧倒的に早いのです。もちろん、誰しも「納期は短く」と考えるでしょうから、重要なのはなぜ短納期を実現できるのか?です。梅原氏は**利益を出すには「仕組み」が不可欠**だと述べています。

その仕組みとは、①過剰設備を持つ(標準稼働率を70%にし、飛び込みの注文にも対応できるようにしておく)、②「よい在庫」を持つ(受注確度が高いものは、途中の工程まで仕上げておく)、③受注から作業開始まで5分(工程管理、納期管理など一切なし)、④検査工程もなし(不良品などない)——というものです。

キーワードは「過剰」です。ロームの疋田氏と同じ発想です。「過剰な」設備、「過剰な」在庫を持つことが、逆に競争力になるという発想です。製造工程においても「過剰な」丁寧製造が行われます。短納期を実現するために製品の加工時間を短くするのではなく、むしろ加工時間は長くすることで検査工程を省いているのです。

一方で、製品付加価値に直結しないこと（受注から生産にとりかかるまでの時間等）、間接業務は極力圧縮することも重要としており、「過剰」と「圧縮」のメリハリが明確です。さらに、同社は生産現場を含めすべての社員が「多能工」になっています。それぞれが主に担当する仕事はあるのですが、例えば、顧客からの発注の連絡を経理の人が受けたのであれば、それを受注管理の人にまわすのは時間の無駄であるという発想です。

このような仕組みに関して、「売上高が小さい企業だから可能」といわれるかもしれません。しかし、同社の取り組みには事業の大小に関係のない重要な示唆が含まれているのではないでしょうか。

今日より明日——値下げはしない

梅原氏は、「不景気だろうがなんだろうが値下げはしない」と発言しています。不景気になって需要が減少すると、各社が固定費を吸収するために値下げをして稼働率を維持しようとし、その結果、業界全体の収益性を将来にわたって引き下げてしまうのです。需要不振の要因が価格であるのであれば、単価引き下げは有効な手立てでしょうが、不況期の需要不振は価格以外の要因のほうが大きいでしょう。価格下落の影響は甚大です。通常、一度下げてしまった価格は戻らず将来にわたって続きますから、その累計影響額は大きな額になります。不況期の固定費吸収という一時的な利益（今日）よりも、長期的な利益（明日）の逸失のほうが大きいことは明らかでしょう（そんなことは誰しもわかっていながら、短期業績のための誘惑に勝てないのですが）。

不景気に関しては、梅原氏は疋田氏と全く同じことを述べています。

「不景気のときに無理に営業しなくてよい、生産ラインの見直しなど体質改善の好機、優秀な人材採用の好機、（設備価格が安くなる）設備投資の好機である」

また、同業他社がエーワン精密から占有率を奪おうと安値攻勢を仕掛けたこともしばしばあったそうですが、梅原氏は「どうぞ、あちらに発注してください」と相手にしませんでした。安値には無理した価格設定があると思われ、一時的には占有率を下げることがあっても、ほとんどの場合、顧客は戻ってきたそうです。

会社で一番偉いのは？　組織、肩書がない会社

梅原氏は、「会社で一番偉いのは誰か？　もちろん社長ではない。一生懸命に働く社員である」としています。性悪説で考えれば「経営者は社員に安い給与でたくさん働いてほしい、社員はなるべく働かずに多くの給与をもらいたい」となる、そうならないためには信頼関係が大切である、そのためには社長が社員を信じなければならない、社長が率先して働かなくてはいけない、というわけです。

同社では会社の業績（売上高、利益等）はすべて張り出され、月々の給与に加えて、社員が頑張ってあげた利益を配分する仕組みになっているそうです。また、梅原氏の席も社員と同じ平場にあり、仕切りも何もありません。

組織や肩書もありません。前述のように多能工でもある社員に組織など意味がないと考えています。上場時には取引所からそれでは上場できないといわれたそうですが、取引所を説き伏せ、組織のないまま上場を実現しました。戦後日本の偉大な2人の起業家も同様のことを言っています。ソニーが大きくなり始めた頃、総務担当の幹部が気を利かせて組織図をつくったところ、盛田氏からお叱りを受けたそうです。「誰が今どこでなにをしているかなんてものは次の瞬間に変わる」と（『盛田昭夫語録』、盛田昭夫研究会編、小学館）。

ホンダ創業者・本田宗一郎氏は痛快です——「なにより嫌いなのは、人間に階級をつけることなんだ。だからうちには肩書もなんにもない。全部同じ白の作業着ですわ。（中略）課長、部長、社長も、包丁、盲腸、脱腸も同じだ。人間の価値とは全く関係がない」（『起業家の本質：ピンチをチャンスに変える5つの能力！』プレジデント社）。

経営書より哲学や宗教に関する本を読め

筆者は、梅原氏に初めてお会いしたときのことを、いまでも鮮烈に覚えています。経済誌で梅原氏のインタビュー記事を拝読し、大変興味深い内容であったので思い切って会社の代表電話番号に電話をしてみますと、予想外に梅原氏につながりました。面談をお願いしたところ、「来てもいいよ」とのことで、後日、喜び勇んで出かけました。そして、同社の応接室でお待ちしていると、梅原氏がいらっしゃって、名刺交換……。

筆者の名刺をご覧になった瞬間に、梅原氏は「出ていけ！」とおっしゃったのです。お会いした瞬間に、です。作り話と思われるかもしれませんが、本当です。筆者はまだ「はじめまして」としか発言していません。名刺をみた瞬間に、です。筆者が、梅原氏に「お電話して（梅原氏ご自身に）許可いただいたので参りました」と申し上げても、「本当に俺か？　そんな覚えはない！」と取り付く島がありません（怒りの理由の詳細は省略しますが、ある業界の所作に大きな不満をお持ちで、筆者も同種の人間だと勘違いされたようでした）。

筆者は逡巡しましたが、何も悪いことはしていないと思い直し、引き下がりませんでした。そして、その後、2時間にわたって話をさせていただき、さらには社内見学の後、お昼までご馳走になりました。

「出ていけ」と言われた後、どのようにして梅原氏の信頼を得たのかはさておき、氏から渡されたのは、「私と読書　梅原経営塾」と題した本のリストでした。経営の本ではなく、人生や哲学や宗教に関する本のタイトルが書かれていました。「このような本を読め」ということです。優れた経営者は日々の経営云々よりも哲学に関心を持っているのだと再認識した出会いでした。梅原氏が読むべきとしている本をいくつか紹介します。

『道元と良寛に学ぶ人間学』（境野勝悟、致知出版社、1998年）
『木のいのち木のこころ（天）』（西岡常一、草思社、1993年）
『みんなで考えよう』（松下幸之助、実業之日本社、1963年）

また、別れ際には「掌をみせてみて」と言われ、手を差し出すと、「君の掌は綺麗すぎる」との言葉を頂戴しました。確かに梅原氏の掌は、おそらくは治具加工での傷でしょう、ごつごつとしていて歴史が刻み込まれていました。

この節の冒頭に書いたように、その後、筆者は文学・哲学など「読まないで死んだら後悔する本」を紹介する書籍『この本を読まずに死ぬな！』を出版しました。梅原氏との出会いがなければ同書は執筆していなかったかもしれません。

6　ルネサス エレクトロニクス元会長兼CEO 作田久男氏

火中に飛び込み、修羅場を克服した経営者

筆者が作田久男氏に初めてお会いしたのは、オムロンの社長（創業家以外からの初の社長）就任が発表されたころだったと記憶しています。オムロン社長時代、作田氏は幹部候補の勉強会の講師として筆者を招いてくれました。当時、筆者は米国モルガン・スタンレーの企業・産業調査アナリストとしてオムロンを担当、同社に関する厳しい論調のレポートを書くこともありましたが、作田社長は「君の言う通りだ」とおっしゃいました。内心忸怩たる思いもあったと思いますが、事実であるから仕方ない、そういった意見をばねにして会社を変えないといけないとの考えであったと拝察します。

ことほどさように、作田氏は年齢にかかわらず直言する人を受け入れてくれる経営者でした。のちに、なぜ筆者を勉強会に呼んでくださったのですか、とお聞きしたところ、「俺は変わった奴が好きなんだ」とおっしゃいました。最高の誉め言葉だと勝手に解釈しました。

作田氏はオムロンの会長退任後、請われて、当時瀕死の状態にあったルネサス エレクトロニクスの会長兼CEOに就任し、劇的な回復を実現、現在の高収益企業の礎を築かれました。作田氏から学んだことは、何より、修羅場での胆力です。そして、「答えのない問い」について改めて考えることになりました。

図表17：ルネサス エレクトロニクスの主要数値（2023月12月期）

損益計算書：	売上高1兆4,694億円	営業利益3,907億円	純利益3,370億円
貸借対照表：	総資産3兆1,670億円	純資産2兆55億円	
社　　員：	社員数6,296人	平均年齢48.2歳	平均年収889万円

出所：公表資料より筆者作成

図表18：ルネサス エレクトロニクスの売上高および営業利益の長期推移

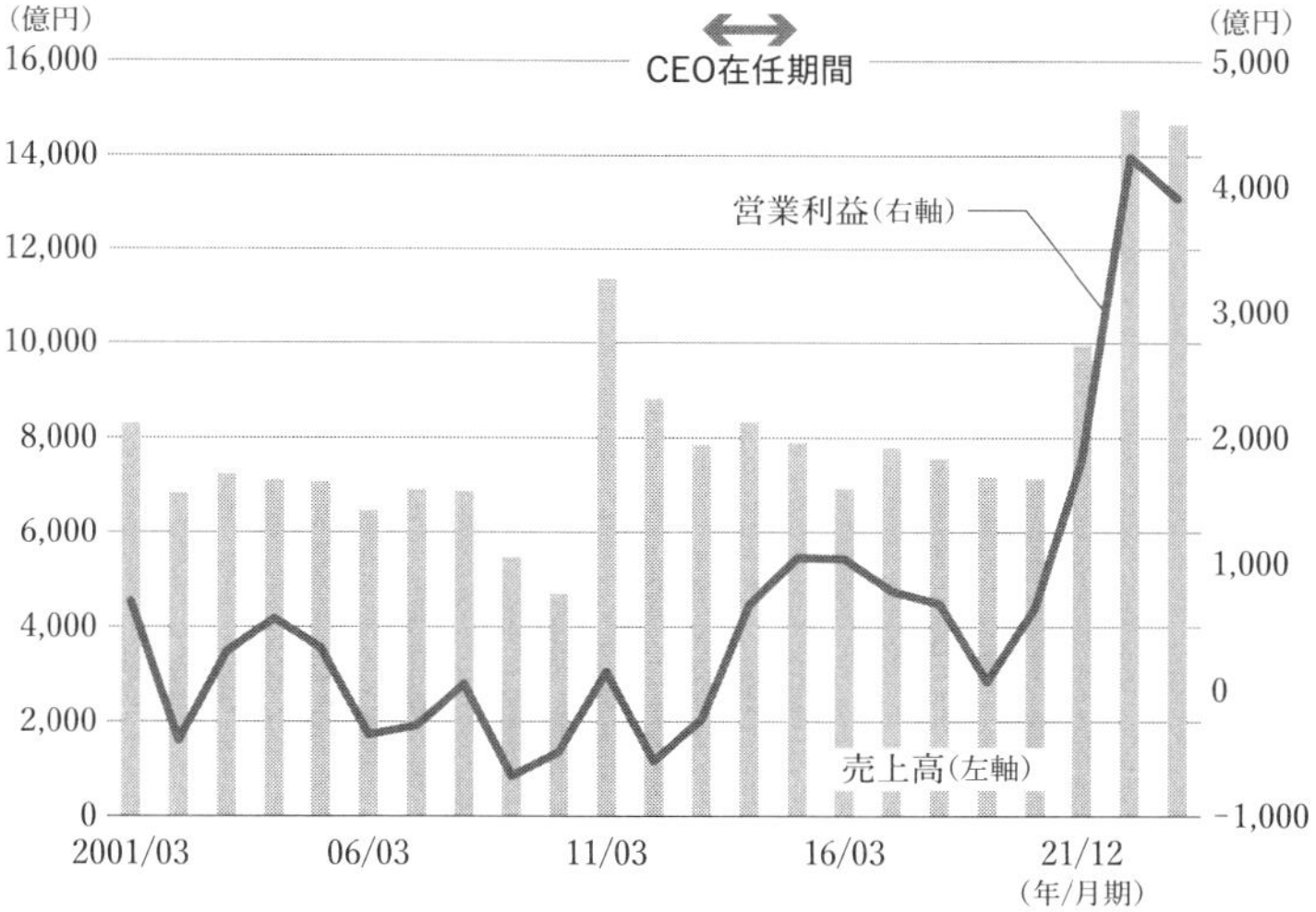

注：2016年12月期より3月決算から12月決算に変更。グラフでは変則決算の2016年12月期は非表示。

出所：公表資料より筆者作成

「最後の男」――送られてきたナイフ

作田氏は、オムロン社長、会長の後、2013年6月にルネサス エレクトロニクスの会長兼CEOに就任。現在のルネサス エレクトロニクスが、売上高1兆4700億円、営業利益3900億円（2023年12月期）と素晴らしい業績となっていることで忘れられかけていますが、同社は破綻の間際までいきました。当時の状況を確認しましょう。

2013年3月期までの

図表19：ルネサス エレクトロニクスの業績——作田CEO就任前と後

				← 作田CEO前			作田CEO →	
	2009.3	2010.3	2011.3	2012.3	2013.3	過去5年累計	2014.3	2015.3
売上高	5,465	4,710	11,379	8,831	7,858		8,330	7,911
営業利益	▲684	▲492	145	▲568	▲232	▲1,830	676	1,044
純利益	▲826	▲564	▲1,150	▲626	▲1,676	▲4,843	▲53	824
期末有利子負債	1,111	1,409	3,782	2,583	3,064		2,709	2,597

注：2011年3月期に売上高が2倍以上になっているのは、NECエレクトロニクス（NECの元半導体事業）とルネサステクノロジ（日立製作所の半導体事業と三菱電機の半導体事業が統合して発足した会社）の統合によるもの。単位：億円。
出所：公表資料より筆者作成

5年間で、営業損益は累計1800億円超の赤字（5期中4期赤字）、最終損益は累計5000億円弱の赤字（5期連続赤字）、その結果、2013年3月末の有利子負債は3000億円超となっていました。NEC、日立製作所、三菱電機3社の半導体事業が統合した難しさがあったのは疑いのないことですが、業績が改善しないためにトップが短期間で交代し、破綻寸前であったのです。そんなときに会長兼CEOに就任したのが作田氏でした。

作田氏が会長兼CEOに就任する前や就任後しばらくのころは、外部の人たちは以下のように言っていました。

「官民で救済しようとしているが、非常に難しい。3社統合の同社はひとつの会社としての『体をなしていない』。工場1つひとつがバラバラ、お客さんも異なる。地場との関係もあり、工場閉鎖も一筋縄ではいかない。出身母体同士でのせめぎ合いもあるだろう。これだけ意見が異なる状況をまとめ再建するのは、よほどの経営能力がないと難しい」（コンサルティング企業日本代表）

「初の黒字でも崩壊危機？ リストラ&給与減で人材流出、有力事業なく競争力低下。外見は化粧直しをした新造船、中身はボロボロの中

古船」（ジャーナリスト）

すごい言われ方です。ただ、これらの方々が見間違えたというより、それほど会社はひどい状況であったというほうが正しいでしょう。作田氏が火中の栗を拾うことがなければ、現在がなかったことは明らかです。

日立製作所を再建した川村隆氏の著作は『ザ・ラストマン―日立グループのV字回復を導いた「やり抜く力」』（角川新書）です。「ラストマン」とは、もう後がない、最後を任された人間といった意味合いです。川村氏もグループ企業であった日立マクセル（現マクセル）の会長に就任し、社会人生活も終わりかと思われていたところ、日立製作所の会長兼社長として再建を託されることになりました。作田氏も同じく「最後の男」だったのです。

改革期間中にはなんと、自宅に刃物が送られてきたそうです。その話を聞いて筆者は驚いてしまい、「怖くなかったですか？」とお聞きしたところ、「責任のない人間が何を言っても気にしない」とのことでしたが、凡人ではとても気にしないなんてことは無理でしょう。さて、このような誰もがもう「倒産だ」とあきらめていた企業を、作田氏はどのように立て直したのでしょうか。

修羅場の状況把握

作田氏が会長兼ＣＥＯに就任して感じたことは以下の2点だったそうです。

1　企業理念の欠如
2　当事者意識がなく、すべて他人事（他部を非難するが、自分・自部門についてはできない理由を羅列）

こうした状況を受け、すべきことは山ほどあったそうですが、時間的猶予はありません。そこで、作田氏は以下の3つに集中することに決めたといいます。

1　利益率の改善
2　固定費の適正化、費用構造の柔軟化
3　意識改革（当事者意識、顧客志向、収益への執着）

利益率の改善――「バカにされていると思え」

収益性の改善にあたっては、皆が共有しやすい粗利益率を指標にしました。社員には、「低利益率ということはバカにされていると思え」と発破をかけ、顧客には値上げを要請しました。もちろん、値上げを承諾してもらえない顧客もいたはずですが、その場合は撤退もやむなしとしたそうです。顧客との軋轢もあったと推察しますが、作田氏は企業存続のため断行したのです。

仕組みとしては、各社員・各部が制御可能な収益管理体制とするため、各社員・各部が関与できない費用は少なくすると同時に、事業部間受け渡しルール、経費配賦ルールを明確化したそうです。

その結果、粗利益率は作田氏就任前の31％から3年後には44％に、営業損益はわずか2年間で232億円の赤字（2013年3月期）から1044億円の黒字（2015年3月期）へと、劇的に回復しています。信じられない復活です。

「いまの仕事は楽しいか。であれば2倍の速度で仕事をしよう」

顧客に値上げを要請する以上、自分たちも努力をしなくてはいけません。複数の工場の閉鎖を決断、社員数は2年間で2万人超削減しました。「他人事」からの脱却を図るため、給与制度は以下の2つを実施したそうです。

□月々の固定給を約10％引き下げ
□業績連動給与の割合を引き上げ

そして、社員に問いかけました。「いまの仕事は楽しいか？」と。「もしそう思ってもらえるなら、いまの2倍の速度で仕事をしよう。そう思えないなら、まだ遅くない、人生80年時代である、新しい仕事を探したほうがよい」と伝えました。退職を勧めるのは辛いことですが、不満を抱えたまま働いている人を雇用することは〝飼い殺しである〟との信念でした。作田氏は、人と事業インフラは社会から、お金は資本市場からの借りものであり、最大限の活用をしないといけないと思っていたのです。

責任もない部外者の発言に一喜一憂しても意味はない

作田氏は、退任時の会見（2015年6月）で、以下の趣旨の発言をしています。

「この2年間、身を削ってでも生き残ることに全力を注いだ。一歩踏み外せば、〝即、倒産〟という感覚だった。まだリスクはあるが、とりあえず生き残ることができた」

筆者が作田氏に「外野の声は厳しかったと思いますか？」と質問したところ、「責任もない部外者の発言に一喜一憂しても意味はない」との答えが返ってきました。

さて、以下は、ルネサス エレクトロニクスが復活した後の産経新聞の記事の見出しです（2018年6月6日付）。

「ルネサスとJDI。『日の丸再編』で明暗。改革主導キーマンの存在」

JDIとはジャパンディスプレイのことで、後述します。

マイケル・サンデル氏の「答えのない」問題

ルネサス エレクトロニクスの復活には、2万人の人件費削減が大きく寄与したことは間違いないことです。しかしながら、もし誰かが不退転の決意でそれを実行しなければ、ルネサス エレクトロニクスが破綻していた可能性は十分にあります。事実、もうひとつの「日の丸半導体企業」エルピーダメモリは破綻し、同じく「日の丸ディスプレイ企業」ジャパンディスプレイはいまも苦境にあります。

長期でみると、また、俯瞰してみると、ルネサス エレクトロニクスの再生によって幸福の合計額は増えたことは間違いないでしょう（企業の破綻は、社員はいうまでもなく供給業者、顧客、地域社会などに甚大な影響を与えます）。

ルネサス エレクトロニクスの事例は、ベストセラーとなったマイケル・サンデル氏の著書『これからの「正義」の話をしよう』（ハヤカワ文庫ＮＦ）で提示された議論を思い出させます。同書では、冒頭から「１人を殺せば５人が助かる。あなたはその１人を殺すべきか？」という、考え込まざるをえない、答えのない問題が提示され、そこから詳細な議論が始まります。

ルネサス エレクトロニクスの危機は作田氏が救ったのですが、理想としては、そのような「答えのない」事態に陥らせないようにすることが経営者の責務といえます。この点については第３章でも触れたいと思います。

7 キーエンス創業者 滝崎武光氏

営業利益率50%「自律機械企業」を創った経営者

高成長、高収益、高給与――非の打ちどころのない企業キーエンス

筆者は米国企業のアナリストをしていたときに「経営者の哲学」について書いていたのですが、そこでぜひとも滝崎氏の哲学をお聞きしたいと思いました。

当時、筆者はキーエンスから依頼をいただき、同社の採用のための書籍『会社の歩き方2014 キーエンス』（ダイヤモンド社）にも寄稿をしていました。そこで、同社取締役に趣旨を説明し滝崎氏への紹介をお願いしたところ、返ってきた返答がすごいのです。「弊社は個人で経営をしていない、組織として経営をしている。したがって、社長が会うことは控える」といった趣旨でした。

確かに滝崎氏がマスコミに登場したことはほとんどありませんが、「うーむ、ここまで徹底するとは」とびっくりしたものです。同社は「機械」のような企業で、その自律システムを構築した滝崎氏の哲学をお聞きしたかった、ということなのですが……。

キーエンスの時価総額は2024年11月末現在16兆円弱です。これは、トヨタ自動車の約40兆円、三菱UFJフィナンシャル・グループ約22兆円、ソニーグループ約19兆円、日立製作所約17兆円、リクルートホールディングス約17兆円、ファーストリテイリング16兆円強に次ぐ7

図表20：キーエンスの主要数値（2024年3月期）

損益計算書：	売上高9,672億円	営業利益4,950億円	純利益3,696億円
貸借対照表：	総資産29,647億円	純資産28,061億円	
社　　員：	社員数3,042人	平均年齢35.2歳	平均年収2,067万円

出所：公表資料より筆者作成

図表21：キーエンスの売上高および営業利益の長期推移

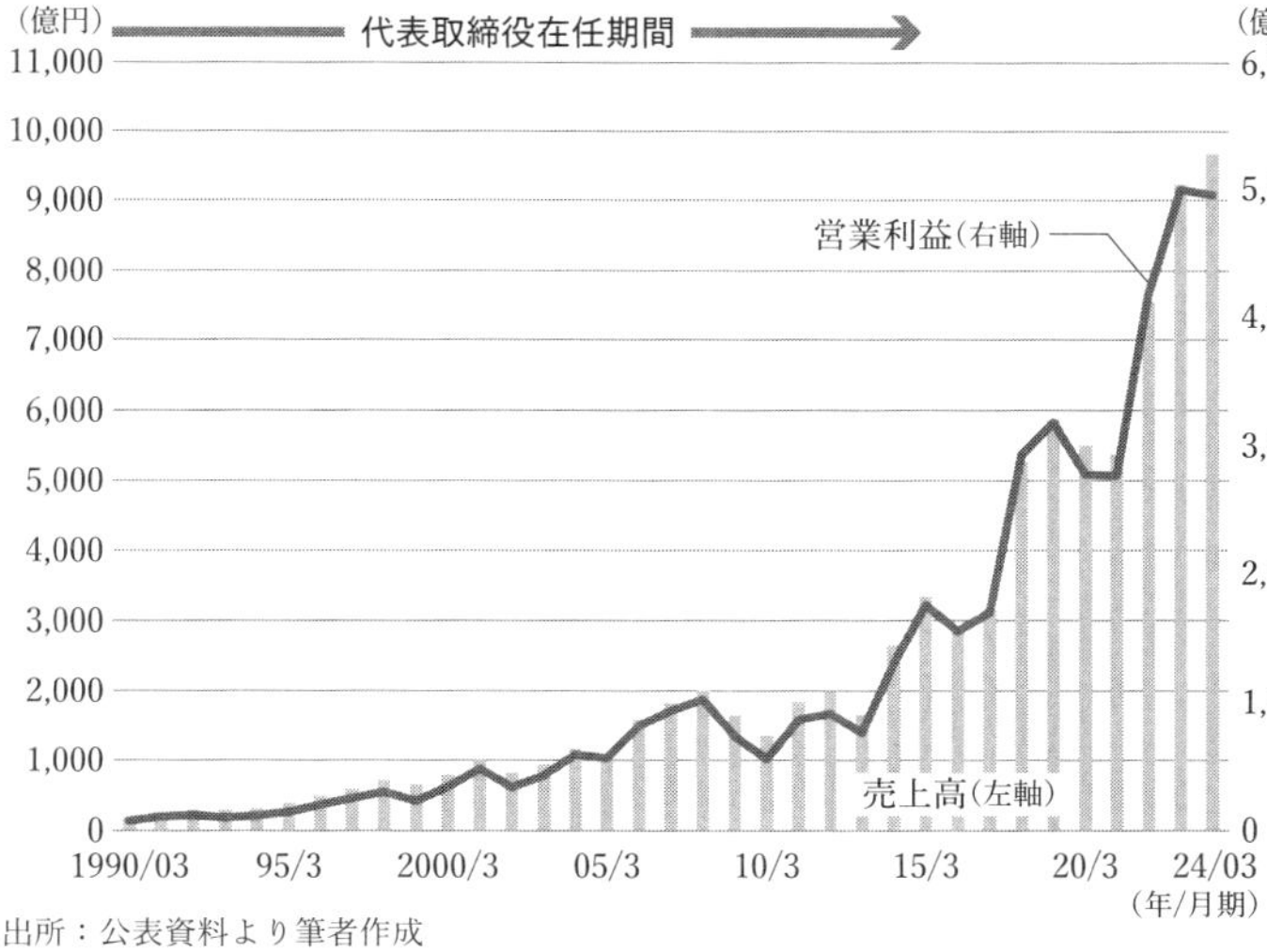

出所：公表資料より筆者作成

位です。創業わずか50年ほどの企業の価値が、戦後最も成功したハイテク企業と肩を並べる。驚異的なことです。

同社取締役に初めて取材したのはもう25年以上前のことですが、本社に入った瞬間に「何か違う」と感じました。白色に統一され、余分なものが一切ない、清潔な本社。人の気配はありません。合理的な風が流れているとでもいいましょうか、初めて感じた雰囲気でした。以下、同社の競争力について述べていきます。

キーエンスの競争力、8つの視点

営業利益率50%を長期にわたり維持していることからしても、同社の競争力の源泉は何か特定のひとつではなく重層的なものである可能性が高いといえます。

ちなみに、キーエンスの話をすると、「高利益率はファブレスだからでしょ」との返しをいただくことがありますが、筆者は、より本質的かつ重層的な要因によるものと考えています。自社で製造しても外部で製造してもコストはさほど変わらないからです。[11] そこで、筆者は、以下の8つの視点からみていこうと思います。

①仕組み――キーエンスは「つんく♂」である――世界の技術を演出
②顧客理解――「どうやって作るか」ではなく「何を作るか」
③高利益率――「結果」と同時に「要因」
④役立ち度――イデオロギーは好き嫌い、費用対効果は計測可能
⑤経営の自由度の担保――他社に自社の運命を委ねない
⑥効率経営――社員が自分に求められている付加価値を認識
⑦成長の効用――組織が常に新しくなる
⑧企業文化――化石になるな

キーエンスは「つんく♂」である——世界の技術を演出

キーエンスには優れた技術があると思われますが、それだけで驚異的かつ長期にわたり持続されている高利益率を説明できるほどではないといえます。なにせ、創業来50年にわたり粗利益率80％を維持しているわけですから。通常、これほどの利益率の場合、何かしらの特許（例えば医薬品）もしくは互換性（例えばマイクロソフトの製品）といった極めて高い参入障壁があるはずですが、それもありません。キーエンスの製品は高度とはいえ、他の企業でも作ろうと思えば作れるように思われます。では、なぜキーエンスだけが驚異的な利益率なのか。筆者の理解は、**キーエンスは「演出家」**であるからです。

例えば、レーザーセンサーの場合、重要な部品は半導体レーザーですが、半導体レーザーをキーエンスが製造しているわけではありません。重要なのはレーザーを使って「何をするのか？」なのです。

これは演出家に似ています。演出家は、物語、俳優、音楽、衣装などを統括し劇に昇華させます。最も重要なのは、「どんな物語を誰にどのような舞台でどのように演じてもらうか」という創造性なのです。

筆者は、20年ほど前に書いたレポートのタイトルを「キーエンスはつんく♂」としたことがあります。いまの若い人たちには過去にはやったグループかもしれませんが、「モーニング娘。」（や、秋元康氏によるグループ）は画期的なシステムでした。それまで、アイドルといえば個人もしくは2人（ピンク・レディー）～3人（キャンディーズ）の編成で、かつ固定メンバーでした。対して、つんく♂さんや秋元さんは、多人数で構成され、かつ、メンバーが固定していないグループを提案したのです。当時、そうしたグループがこんなに成功すると思った人はどれほどいたでしょうか。

これら大規模グループの1人ひとりの魅力度合いは、他の芸能人と比較したときに際立って高いわけではないのですが、全体としては魅力的なものになっています。（冷徹にいえば）構成員は代替可能であり、演出家はその時々の需要に合った人をメンバーに迎えることで新鮮さを保つことができます。個々のメンバーよりも演出家のほうがリスクは小さいでしょうが、経済的な恩恵を最も享受しているのは演出家であるといえるでしょう。

若い世代の好みをつんく♂さんや秋元さんが理解するのと同様に、キーエンスにはソニーやトヨタ自動車の工場が何を求めているかを感じ取る感性、そして、自社および外部の技術を俯瞰して、その要望に応じる製品に昇華させる技能があるのです。

顧客理解――どうやって作るか（how）ではなく、何を作るか（what）

前項から想像できるように、キーエンスを一般的な企業とは違うものにし、かつ、最も重要な工程は、（キーエンスの競争力は重層的なものであることを承知のうえであえていえば）製品企画力（顧客が求めているものの理解）といえるでしょう。誇張していえば、同業他社が「どうやって作るか」

に頭を悩ませるのに対して、キーエンスは「何を作るか」に重点を置いているのです。顧客の生産性に貢献できる製品を思いつく創造力、感性こそが、キーエンスの付加価値の源泉といえます。

その商品企画の「素」となるのが、営業です。顧客を知ることなく製品開発はできません。同社では営業組織が顧客ニーズの吸い上げを担っています。

制御機器業界に属する多くの企業においては、代理店経由の販売が販売額の多くを占めると思われます。一方、キーエンスは自社社員による直接販売です。顧客との接点を通して、ユーザーが抱える問題点を認識、企画・開発部門にフィードバックし、その課題に対する解決策を製品化する。代理店経由の販売では、顧客のニーズへの反応がどうしても鈍くなってしまいます。逆にいえば、製品で差異化ができないために製造工程での差異化を余儀なくされている企業もあるかもしれません（申し上げるまでもなく、製造技術が付加価値の源泉である企業もあります）。

となると、誰もが思うのは、「同業他社も直接販売すればよいのでは？」ということでしょう。おっしゃる通りです。筆者もそのように進言していましたし、そもそも、筆者にいわれなくても同業の皆様もわかっていたと思います。しかし、できなかったのです。[12] 直販に切り替えようとすれば、既存の代理店網からの反発を招き占有率を大きく落としかねない懸念が大きかったと思われますし、また、自社で直販網を構築するのも簡単ではありません。しかし、徐々にキーエンスが大きくなるにつれ、危機感が出てきたのでしょう。同業各社の妥協案は「自社の営業が代理店の営業と一緒に顧客訪問する」でした。しかし筆者は、それでは勝てないと思いました。費用の二重計上ですし、根本的な解決になっていません。

キーエンスと同様に、代理店経由販売が一般的な産業で直販によって競争力を獲得した他の事例を紹介します。ヒロセ電機・酒井氏の節でも紹介した未来工業です。未来工業の手掛ける建設資材産業は一次問屋（10社）―二次問屋（3000社）―最終顧客という構造になっていて、一次問屋企業から「うちを使え」という要請（圧力？）が何度もあったそうですが、創業者の山田氏は断りました。200億円を一次問屋に販売すると約15％、30億円の手数料が発生する。であれば、全国に社員を200人配置しても十分おつりがくるとして直接販売をし、それが、同産業での巨人・松下電工（現パナソニック）との差異化になったそうです。

一方、業種は違いますが、2024年9月20日付の「日本経済新聞」朝刊では、米国ナイキのジョン・ドナホーCEOの退任にあたって、同CEOが量販店を通さない直販を進めたことが占有率の低下につながったとしています。

代理店活用と直販、どちらがよいのか一概にいえるものではありませんが、それは手法であり、重要なことは「顧客理解」であるといえます。

高利益率――結果と同時に要因である

「利益率は結果」と認識されている方が多いと思われますが、「要因」ともいうことができま

図表22：高利益率の秘密
――他社がキーエンスと同じ在庫を持ったらどうなる？

		キーエンス	（対売上高）	標準的企業	（対売上高）
売上高	億円	9,673		9,673	
売上原価	億円	1,648	17%	6,771	70%
粗利益	億円	8,025	83%	2,902	30%
販管費	億円	3,075	32%		
営業利益	億円	4,950	51%		

在庫	億円	**776**	→	**3,188**	
在庫／売上原価	日数	**172**		**172**	←在庫／売上原価をキーエンスと一緒にすると……
在庫／売上高	日数	**29**	→	**120**	←在庫／売上高は全く違う日数になってしまう！

出所：キーエンスのデータは同社公表値。筆者作成。

す。なぜでしょうか？
キーエンスは「翌日配送」を競争力のひとつにしています。「それでは在庫負担が重いだろう」と考えますが、２０２４年３月末の「在庫（７７６億円）÷過去12か月の売上高（９６７３億円）」は29日分相当に過ぎません。どうしてこれほど少ない在庫で翌日配送ができるのか、と不思議になります。

理由は簡単です。売上原価／売上高比率（原価率）が17％と圧倒的に低いためなのです。「在庫（７７６億円）÷売上原価（１６４８億円）」は１７２日となり、実は６か月分相当の在庫を保有しているのです。そう、翌日配送に魔法のような仕掛けはないのです。

もし、原価率70％の企業が、キーエンスと同じように原価ベースで１７２日分の在庫を保有しようとすると、どうなるでしょうか？　売上高はキーエンスと同じとすると、３１８８億円の在庫を保有する必要があります！　在庫保有リスク（製品の陳腐化。年５％としても１５０億円）、在庫管理コスト（同1％とすると32億円）、金利負担（同1％なら32億円、2％なら64億円）などなど、300億円程度のコストがかかるでしょう。

同時に、債権回収リスクも減少します。いうまでもなく、原価率17％の債権未回収リスクは原価率70％の企業よりもはるかに小さく、さらにその差は広がります。

自己言及パラドックスのようですが、利益率が高い（原価率が低い）は**結果であると同時に要因**でもあるのです。

役立ち度――イデオロギーは好き嫌い、費用対効果は計測可能

「演出」を付加価値の源泉としている点において、キーエンスとヒロセ電機は似ています。ヒロセ電機の営業利益率も20～30％と素晴らしいのですが、キーエンスはさらに上回ります。この理由としては、最終製品に組み込まれる部品メーカーであるヒロセ電機（費用対効果を正確に計算できない）と、生産財メーカーであるキーエンス（このセンサーを10万円で買えば、100万円のコスト削減ができるといったことが比較的計算しやすい）の差だろうと、筆者は考えています。

キーエンスが好んで使う言葉のひとつに「役立ち度」があります。顧客が抱える問題に対してどれだけの貢献ができるか、ということです。キーエンスの提案により顧客のコストが500万円削減できるのであれば、顧客は100万円を払うことに躊躇しないでしょう。たとえそれがキーエンスの生産コストの10倍であることが想像できたとしても……。

一例を挙げます。飲料メーカーの生産ラインにおいて、オレンジジュースが缶に必要量満たされているかどうかのチェックは色センサーで自動化している、しかし、無色透明の水を検出するセンサーはないために、目視検査が必要となり、その人員を1人雇った顧客がいるとしましょう。そのような顧客は、水センサーが存在すれば、年間500万円の人件費が削減できるわけですから、喜んで水センサーに100万円支払うことでしょう。

一方、ヒロセ電機のコネクターは電子機器を製造するために不可欠ですが、その費用対効果を数値で示すことは難しいのです（例えば、このコネクターを使うと貴社のコストがX％削減できますよ等。逆にいうと、そのような難しい事業で、長期にわたり営業利益率20～30％を維持しているヒロセ電機の優秀さがわかります）。

これは単純な例ですが、このように、生産財であるキーエンスの製品は費用対効果が比較的可視化しやすく、すなわち、**事業立地がよく**、そのことが高利益率のひとつの要因と考えられます。

また、数字で効果を測定できることは、滝崎氏にとって哲学ともいえることです。同氏の学生時代はいわゆる学園闘争が盛り上がっていた時期で、同氏は指導する立場であったようですが、**「イデオロギーは好き嫌いに帰結してしまう、論理的に決まらない、だから、数値で測れることをしたい」**との結論に至ったようです。

経営の自由度の担保――他社に自社の運命を委ねない

キーエンスのカタログを読んでいると、すぐに気づくことがあります。カタログは電機業界向け、輸送業界向けなど用途別になっているのですが、そこに記載されている製品は多くが同じ（もしくは同種の）ものです。これは、同社が開発に着手するかどうかの基準のひとつが汎用的かどうかであることの表れです。

キーエンスは、ある特定の業界向け、特定の工程においてのみ付加価値が認められるような製品ではなく、汎用的な機能を持った製品を追求しています。その要因は、①対象市場が大きいほうが開発費を回収できる、②特定の用途への依存を小さくすることで**経営の自由度**が高くなる、の2つです。

キーエンスは売上高の顧客別内訳を公開していませんが、最大顧客への依存度は1％未満でしょう。このため、個別の顧客の変動による影響が少なく、かつ、値引き要求に対しても強い態度で臨むことができます。

創業間もないころ、大きな引き合いがあったそうです。その仕事を受ければ売上高が何割も増えるような大きな仕事です。しかし、滝崎氏はそれを断ったといいます。特定顧客向けに大きく依存することは経営の自由度を奪われるからとの判断です[13]。すごい判断です。大きな引き合いがあれば、普通の会社であれば「すごい！　よくやった！　全力で受注しよう」となるはずです。

これと同じ判断をソニーの盛田氏もしています。1955年、ソニーがまだ小さな小さな企業であったころの話です。トランジスタラジオを開発し、米国での販売を拡大しようとしていました。そのとき、すでに著名な米国企業B社から10万台の引き合いがありました。飛び上がって喜ぶような大型発注です。しかし、条件がありました。B社のブランドで販売することです。盛田氏は熟慮のうえ、この大型商談を断ったのです。B社は「うちのブランドを使わないで無名企業の名前で売ろうなんて、ばかげている」とあきれたそうですが、盛田氏は「貴社のブランドも50年前は無名だったはずだ。我々は50年前の貴社と同じ一歩を踏み出す。50年後に貴社と同じような著名企業になってみせます」と答えたそうです。しびれる話です。

効率経営──社員が自分に求められている付加価値を意識

滝崎氏の経営理念は明確であり、かつ徹底しています。「より限られた資本でより大きな付加価値を生み出すこと」です。それは、以下の滝崎氏の発言に端的に表れています。

「たとえファクシミリ1台でも非効率に使用したら、得べかりし収益を上げていないことになる。人材も他社で働いたほうが高い付加価値を生み出せるとしたら、社会からあずかった資産の無駄遣いだ」（「日本経済新聞」1995年10月10日付朝刊）

特に同社が重視する指標は1人当たりの付加価値額であり、驚くべきことに、キーエンスにおいては社員それぞれの時間当たりの付加価値の目安が算出されており、その付加価値額に見合わない仕事はしないそうです。

同社への取材は、筆者にとって驚きの連続でした。ひとつ例を挙げます。「貴社は中期計画のようなものを作成したことはありますか？」と尋ねたところ、「過去にしたことはあるが、いまはしていない」とのことでした。「なぜやめたのですか？」とお聞きすると、「計画作成に投入した付加価値とそこから得られた付加価値を比較して、見合わないと判断したから」と言うのです。筆者は驚きました。「どうやってその付加価値を計測するのだろう」と。すると、「弊社の社員は全員が時間当たりに生み出すべき付加価値額を認識している。だから、計画策定から得られるべき付加価値も把握できる」とのことでした。

付加価値の低い作業は外部に委託し、自社の人材はより高付加価値事業に専念する。例えば製造では商品化初期や機密性の高い工程を除き、大半を外部の工場に、配送も宅配業者に委託しています。マイケル・ポーター氏は「**自社の一連の工程のなかで最も差異化できるものはなにか**」を考えろと指摘していますが、内部化すべきことと外部化すべきことの見極めが徹底しているのがキーエンスといえます。

同社の損益計算書、貸借対照表をみても、無駄なことには一切労力を使っていないことがわかります。極めて簡素であり、内容がわからないような勘定科目がないのです。キーエンスの有価証券報告書は80ページ未満です。営業利益5000億円の企業としては圧倒的に薄い報告書で、これも同社の効率性の表れと筆者は感心します。

成長の効用――組織が常に新しくなる

キーエンスは創業以来右肩上がりの成長を続けてきました。創業わずか50年で売上高1兆円、営業利益5000億円、時価総額16兆円弱の企業になっていることは驚異的です。創業当初、誰がそんな姿を予想できたでしょう。

成長が企業経営にもたらす好影響はとても大きいものがあります。企業規模が拡大すれば、役職も増えますし（キーエンスは平坦な組織ですが）、それに伴って給与も上げられます。従業員の構成も理想的なピラミッド構造を維持できます。社員数の増加により組織は活性化されます。よいことずくめです。

売上高1兆円に近づいたいま、成長を維持することはこれまでより難しくなっていることは明白です。が、まだ根本的な問題が生じているようにはみえないところに驚かされます。

企業文化――「化石になるな」

企業の競争力の源泉は、突き詰めれば企業文化、企業哲学になると筆者は考えています。沈没しかけていた巨艦IBMを見事に再生してみせた同社の元CEOルイス・ガースナー氏は、著書『巨象も踊る』（日本経済新聞出版）のなかで、以下のように述べています。[14]

「IBMに来る以前に聞かれればたぶん、企業文化は成功に導く一要因と答えたであろう。しかし、IBMでの十年間で、企業文化は一要因ではなく、経営そのものであることを理解した」

筆者は強く同感します。たまたま思わぬ需要が発生したり、たまたま製品が時代のニーズに適合して好業績を謳歌したりする産業・企業があります。しかし、それが、企業文化、哲学に深く根ざしたものでない限り、持続できるかどうかは疑問です。利益には「質」があるのではないでしょうか。

企業哲学として、キーエンスは以下を謳っています。

「製品を通じて世の中のありようを変えたい」
「最小の資本と人で最大の付加価値をあげる」
「夢中になって楽しむ」
「開かれた社風」
「環境変化を先取りし、自身も変化する」

キーエンスの社員は「何か新しいこと」を生み出すこと、「常に変化すること」が要求されます。これはよく知られていることですが、同社の本社にはあちらこちらに化石が置いてあります。「変化をしないと化石のようになってしまうぞ」という滝崎氏からのメッセージなのです。

8　ジョンソン・エンド・ジョンソン元代表取締役 大瀧守彦氏
「ブラック・スワン」を捕え高収益事業を創った経営者

大瀧守彦氏は転職したジョンソン・エンド・ジョンソンにおいてコンタクトレンズ事業を立ち上げ、43歳で代表取締役に就任しました。

ジョンソン・エンド・ジョンソンは、第1章で取り上げた「エクセレント・カンパニー」にも「ビジョナリー・カンパニー」にも選ばれ、かつ、その評価に違わぬ実績を記録し続けている稀有な企業です。世界恐慌の1932年に減収を記録した後、リーマンショック前の2008年まで76期連続増収（2009年の減収率も3％）。世界大戦、「米国病」といわれた米国の停滞期、多くのバブル崩壊があったことを考えると、驚異的な実績です（76期連続増収企業が他に存在するでしょうか?）。

筆者はアナリストとしてハイテク産業を長らく担当してきたため、ジョンソン・エンド・ジョンソンを取材したことがなかったのですが、現在所属するフロンティア・マネジメント主催の企業経営者を対象にした勉強会に大瀧氏をお招きするにあたり、事前にお話を伺いました。ゼロからの新規事業立ち上げの苦難とともに、同社の強さの源泉が「理念」「長期」「成長（への執着）」「分権」にあることを学んだのです。そして、（よいほうの）「ブラック・スワン」の実例を知ることができました。また、岩淵明男氏、高橋浩夫氏の著作からも多く学んだことを明記

図表23：ジョンソン・エンド・ジョンソンの主要数値（2023年12月期）

損益計算書：売上高85,159百万ドル　営業利益23,409百万ドル　純利益35,153百万ドル	
貸借対照表：総資産167,558百万ドル　純資産68,774百万ドル	

出所：公表資料から筆者作成

図表24：ジョンソン・エンド・ジョンソンの売上高および営業利益の長期推移

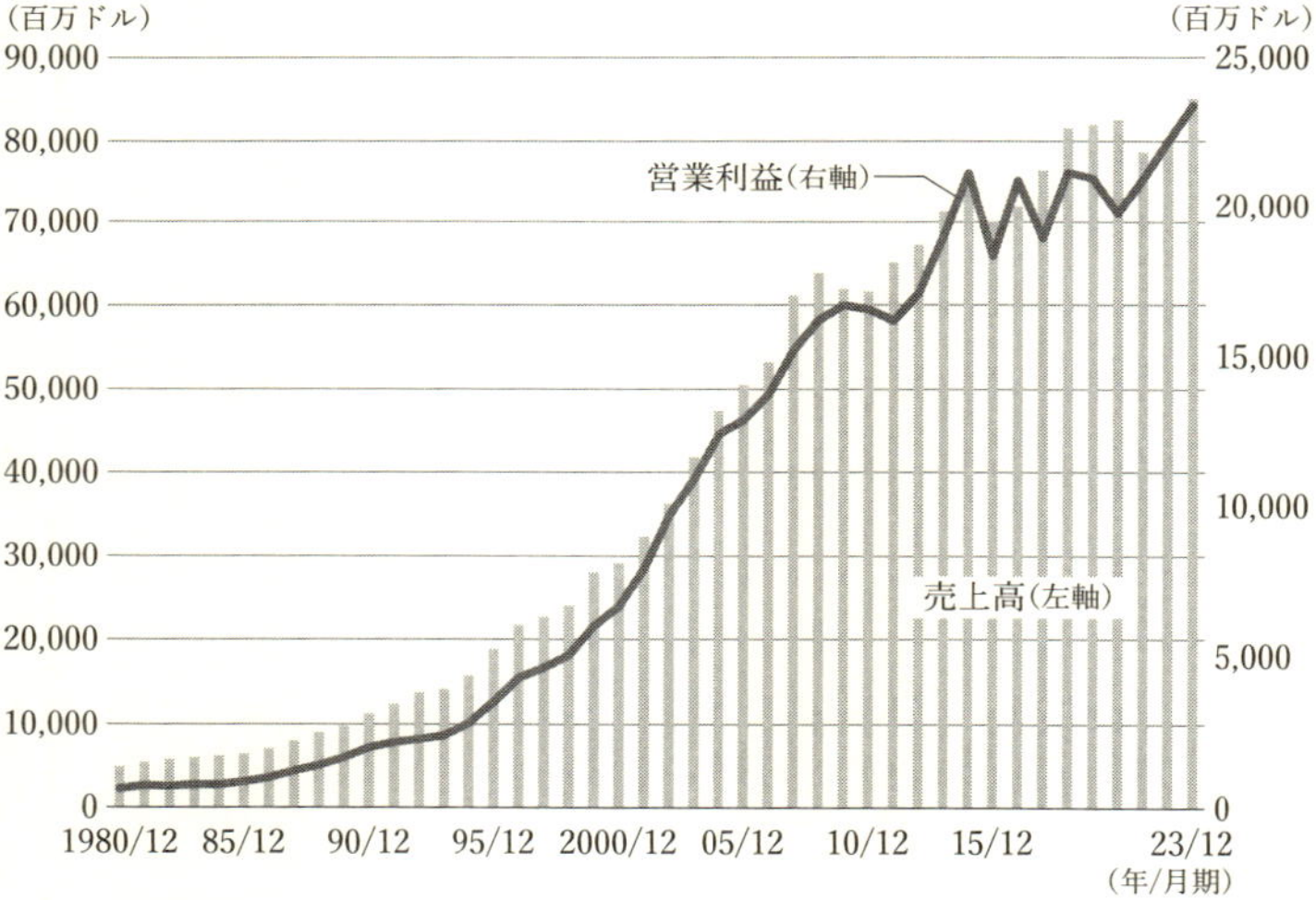

出所：公表資料から筆者作成

しておきます。

ゼロからの新事業立ち上げ

大日本印刷の米国法人に勤務していた大瀧氏は、ジョンソン・エンド・ジョンソンの日本での使い捨てコンタクトレンズ事業の立ち上げのためにスカウトされ、転職しました。1991年、36歳のときです。

とはいえ、医療分野の経験は全くなく完全にゼロからの立ち上げです。自ら、販売、人員、資金など事業計画を策定。まずは顧客の特定です。当時、日本国内には1万人ほどの眼科医がいました。いまではほとんどの眼科医院がコンタクトレンズの処方箋を出してくれると思われますが、当時はそうではなかったからです。NTTの電話帳、眼科医の会員名簿、街角の看板（「コンタクトレンズ処方します」）などをもとに、対象を絞り込み、採用した15名（医療産業の知見ほぼなし）の営業社員とともに飛び込み営業をかけたそうです。まずは取引の口座を開いてもらわないといけません。2年ほどで1000～2000件の眼科医が口座を開いてくれたものの、売上高はわずかなものでした。

いまでは、コンタクトレンズといえば使い捨てが一般的ですが、当時は医師にも患者にも使い捨ての概念がなく、また、使い捨ては（年間の費用でみると）通常のコンタクトレンズよりも高価であることも障害でした。

試行錯誤の日々が続きましたが（2年間売上高が僅少で赤字事業のトップ、辛かったと思います）、営業の目標数値の変更（口座開設数→眼科医当たりの処方箋の数）や、それまでの地道な営業の累積効果もあったのでしょう、3年ほど経過したころに売上高が伸び始めました。ちょうどタイミングよく「1日使い捨て」タイプが日本でも発売となり（1995年。それまでは1週間もしくは2週間使い捨てでした）、その利便性・衛生性などが浸透すると、業績は急速に拡大。その成果が認められ、入社わずか6年後、43歳でジョンソン・エンド・ジョンソン代表取締役に就任しています。

コンタクトレンズ事業の業績は公表されていませんが、産業規模（日本コンタクトレンズ協会によると、2011年2127億円、2023年3340億円）と同社占有率（30～40％で日本1位）から推定すると、2011年の社長退任時には700億円程度の売上高（とおそらくは、ジョンソン・エンド・ジョンソン全体を上回る高利益率）を達成していたと思われます。

理念は最も重要ですが、とはいえ、理念で食べていけるわけではありません。新事業の成功は、トップ自らが全国を駆けまわる泥臭い努力があってこそのものであることを学びました。

「ブラック・スワン」を見逃さなかった！

ナシーム・ニコラス・タレブ氏のベストセラー『ブラック・スワン―不確実性とリスクの本質』（ダイヤモンド社）。同書では、想定できないこと、予想できないことを「ブラック・スワン」と呼んでいます。ブラックとついていることから想定できない「悪い」こと（例えば、中南米の金融危機、リーマンショック、米国同時多発テロ等）と認識されがちですが、そうではなく、純粋に想定できないことを指しており、したがってよいほうのブラック・スワンもありえるのです。

大瀧氏は、まさしくブラック・スワンを見逃しませんでした。人生を変えるチャンスが訪れた際には楽観的に挑戦する勇気が必要だと認識させられました。この点は、第3章でも触れます。

使い捨てを実現するための技術探索

この後、ジョンソン・エンド・ジョンソンの新規事業のための仕組みを取り上げますが、その仕組みが使い捨てコンタクトレンズ事業で発揮されたことを先に紹介します。

同社におけるコンタクトレンズの始まりは、1981年に米国の小さなコンタクトレンズ企業を買収したときに遡ります。ただ当時は、医師が患者に合わせて1枚ずつ削る製品で、量産技術の確立が必須でした。

筆者は、コンタクトレンズの製造は、清潔さという点では特殊ですが、一般的な樹脂成型でできるものと思っていました。しかし実際はそんな単純なものではなく、成型した後に水分を含有させる工程が必要などの理由から、使い捨てを実現するだけの価格を実現できなかったのです。

技術を探索する日々を経るうちに、ベルギーのグループ企業からある情報がもたらされました。デンマーク企業が、水分を含んだまま成型できる技術を持っているというのです。幹部がすぐさまデンマークに飛び、その技術を買い取ったそうです。そして、1988年に米国国内において世界で初めて、1週間で取り換えるコンタクトレンズを発売しています。

その後、1995年には、日米で1日使い捨てコンタクトレンズを発売します（日本では30枚4050円）。当時、使い捨てではないコンタクトレンズは1枚2万～3万円でしたから、100倍もの生産性を実現したことになります。劇的な価格の低下すなわち生産性の向上には、前述のデンマーク企業の技術に加え、コンタクトレンズとは全く関係のないある日本企業が貢献しています。その企業の連続生産ライン技術を導入することで、製造時間および人件費の劇的な削減が実現したのです。

この話を聞いて思い出したのは、横河電機の元社長・美川英二氏の「新幹線方式」です。在来線をいくら改善しても時速300キロメートルは実現できない。新幹線が開発できたのは、従来の延長線上ではない全く新しい発想によるものである。革新的な製品開発のためには新幹線方式が重要である、というものです。

経営者に課せられた厳しい責務

後述するように、ジョンソン・エンド・ジョンソンにおいては「分権」が基本思想であり、世界に250ほどの法人がある、すなわち同数の社長がいます（企業規模はさまざまですが、単純に割り算すれば、1社当たりの売上高は平均500億円程度となります）。

社長は目標管理（MBO：Management By Objectives）をされるそうです。年度が始まる前に、定量（売上高、利益、占有率、新製品比率等）と定性（社員の満足度向上のために○○をする、Credo〈企業全体の従業員が心掛けるべき信条や行動指針を明文化したもの〉を浸透させるために○○をする等）の双方において、会社と合意をし、その達成度合いで評価されるとのことです。

例えば、売上高に占める新製品比率が基準に届いていない（全売上高に占める、3年以内に発売された製品の割合が20～30％のようです）と厳しい評価になるそうです。もちろん、新製品の定義によりますが、20～30％を達成し続けることは至難と感じます。

また、面白いなと思ったのは、組織の要職に関しては、例えば財務責任者について「いますぐに昇格させられる人」はAさん、「2~3年後に可能な人」はBさんといったように、将来の組織イメージの提示も求められるそうです。

発展への執着

驚愕の76期連続増収が象徴するように、ジョンソン・エンド・ジョンソンは常に発展することを追求しており、以下の4つを常に求められるそうです。

1　現事業の自然成長
2　(主に新技術の開発による) 新製品・新事業
3　アライアンスおよびライセンス供与
4　企業買収

研究開発にはなんと売上高の10%程度が継続的に投資されています。研究開発の定義にもよりますが、この規模、この比率で投資を続けている企業は稀有ではないでしょうか。キーエンスの利益率と在庫のケースと同様に、ジョンソン・エンド・ジョンソンの開発費も高成長(と高利益率)を実現している要因であり、高成長(と高利益率)であるからこそ可能な結果であるといえます。

2を主に担う社内の研究施設は米国など世界数か所にあります。ただ、自社組織による研究開発は、その規模・内容は別としてどの企業も行うことでしょう。
特徴的なのは、3と4、すなわち外部活用に対する貪欲さです。3のアライアンスとは、例えば、よい技術・製品を持ってはいるものの資本などの制約で海外展開できない企業の製品をジョンソン・エンド・ジョンソンが世界で販売するなど、ライセンスはジョンソン・エンド・ジョンソンの持つ技術を外部の企業に供与しその対価を得るもので、それぞれ逆方向の外部活用といえます。

これらを支える組織・仕組みも極めて充実しています。イノベーション・センターとJ&J Laboratoriesです。前者は学術機関、ベンチャー企業などとともに技術開発を担う総合的な技術開発施設です。後者は審査を通過したベンチャー企業を格安の費用で入居させ（原則として2年で資金調達し独立する義務があるようです）、支援を行う施設です。

日本企業においても、過去10年ほどでいわゆるオープンイノベーション施設を開設した企業が多くありますが、ジョンソン・エンド・ジョンソンは時間的にも内容的にも大きく先行しているようにみえます。

前述のコンタクトレンズ事業もまさにこの仕組みの成果であることがわかります。**4の買収（米国企業の買収、デンマーク企業の技術買収）と、3のアライアンス（日本企業の技術導入）と自社の優れた組織能力が合わさって、**新しい高収益事業を育成したのです。

また、企業買収については、医療関係であること、独自の技術を持つこと、ジョンソン・エンド・ジョンソンが参加することで発展させられること……といった原則が遵守されています。
さらに特徴的なことは、事業譲渡も多数行っている、すなわち新陳代謝がなされていることです。２０２１年には、祖業である消費者向け製品事業を会社分割することが話題になりました。

長期視点は設立時からの基準

岩淵明男氏による『約束された成長―66年連続増収J&J常勝の経営戦略』（出版文化社）では、当時のＣＥＯラルフ・ラーセン氏の以下の言葉が紹介されています。

「長期的思考はジョンソン・エンド・ジョンソン設立時からの基準」

「経営者に四半期ごとの収益への圧力がある。たしかにそれも重要だが、ジョンソン・エンド・ジョンソンは長期的な視点で経営しており、収益に関しては四半期は忘れている」

四半期決算公表制度に反対する筆者は強く同意します（この点に関しては第３章で改めて取り上げます）。

１９６３年にジョンソン家最後の社長が退任した後、現在のＣＥＯ（２０２２年就任）は７人目。すなわちＣＥＯは10年ほど社を率いることが求められます。そのため、50歳ほどで売上高10兆円のＣＥＯに就任することが前提になっているようです。

理念・理念・理念

ジョンソン・エンド・ジョンソンは「Our Credo（我が信条）」で知られます。「我が信条」は同社3代目CEOのロバート・ウッド・ジョンソン二世氏が1943年に起草したもので、骨子は以下になります。

第一の責任　顧客
第二の責任　社員
第三の責任　地域社会
第四の責任　株主

昨今、一部の株主の力が強くなりすぎているように思います。筆者は、ジョンソン氏のいう順番に賛成です。株式会社は利益をあげるために存在していることに疑いはありませんが、利益は結果です。この順番で経営をしているジョンソン・エンド・ジョンソンの成功は、昨今の株主至上主義が正しくないことを示唆しているように感じます。

どの企業も理念、哲学、ビジョンなるものを謳っていますが、多くの場合、形式的なものにしかみえません。しかし、大瀧氏の話を聞き、同社の理念に対する執着は次元が違うと感じました。

経営理念を維持・浸透させるのは大変なことで、ジョンソン・エンド・ジョンソンにおいて特筆すべき2つの制度があります。

ひとつは「Credo Challenge Meeting」。不定期に世界中あるいは地域ごとに幹部が集まり、①実例も挙げながらCredoに沿った行動をとれているかどうか、②Credoそのものが正しいのかについて、議論をするそうです。

もうひとつは「Credo Survey」。2年に1度の頻度で、全社員を対象にした大がかりな調査が実施されます。Credoが理解されているか、浸透しているかを調べるもので、外部機関が集計・精査し、社内の人間は社長といえども個人の回答をみることはできません。ジョンソン・エンド・ジョンソンの社員数は10万人を軽く超えますので、膨大なコストです。

大瀧氏に相談した日本のある著名企業が同種の制度を導入したのですが、回答率は60％程度だったそうです。一方、ジョンソン・エンド・ジョンソンの回答率は１００％に近いといいます。この差は、大瀧氏によれば「社員が回答したら会社が応えてくれると思えるかどうか」ではないかとのことです。ジョンソン・エンド・ジョンソンでは、調査結果が社長に渡され、階層別の傾向、前回との比較、他のカンパニーとの比較など細かい指摘を受け、また、社長自身が考え、社員に対して改善策・強化策を提示しなくてはいけません（でないと、社長の評価が下がります）。社長と社員の間でも施策が合意され、社員も変化が期待できるため、彼らは応答するのです。いまや日本でも社員意識調査を行っている企業がほとんどかと思われますが、多くの場合、調査しただけで何も変わっていないのではないでしょうか。すなわち、**回答しない社員が悪いのではなく会社が悪い**のです。

理念の浸透が実証された事件

小林製薬は自社製品の摂取者の腎疾患の症例を認知しながら、公表したのはその2か月後でした。このような事件があると、筆者はジョンソン・エンド・ジョンソンを思い出します。同社の理念が掛け声倒れでないことが確認されたのは「タイレノール事件」です。

タイレノール事件とは、1982年に米国で起きた毒物混入事件です。ジョンソン・エンド・ジョンソンの薬「タイレノール」を服用した少女が、混入されていたシアン化合物によって死亡するなど7名の命が失われた悲惨な事件です。ジョンソン・エンド・ジョンソンは「タイレノールにシアン化合物混入の疑いがある」とされた時点で（すなわち、他の要因である可能性もあった時点で）、10万回を超えるテレビでの告知、専用フリーダイヤルの設置、新聞の一面広告、数千万本の同薬の回収など、総額1億ドルの緊急対策を実施しました（当時の1億ドルですからいまの金額にしたらその数倍でしょう）。

自社工場内での問題に起因する小林製薬と異なり、ジョンソン・エンド・ジョンソンの場合は出荷後の、同社とは無関係の犯罪によるものです。この2社の対応の違いは明らかで、ジョンソン・エンド・ジョンソンの「我が信条」が飾りではなかった証左です。

悩んだときにどのように判断するか、そのヒントを教わったので、以下に記しておきます。

1　Publicity Test：新聞の一面に載ったら、どう映る？
2　Role Model Test：貴方の尊敬する人は何と言う？
3　Parent（Red Face）Test：家族の前で堂々と説明できるか？

もう少し身近で興味深い事例も紹介します。コンタクトレンズ事業が軌道に乗り各地に支店を開設することになりました。ある支店の開設申請をしたところ、米国から却下されました。「スプリンクラーをつけろ」というのです。Credo には「従業員の安全を守る」とある。それが守られていないというのです。1990年代のことで、日本ではまだスプリンクラーの設置義務がありませんでした。そのことを説明したところ、「暫定的に許可する。ただし（入居するのは）2階以下にせよ」となったそうです。

分権と集権のバランス

ジョンソン・エンド・ジョンソンはいくつかの事業に区分され、それぞれに「ソースカンパニー」と呼ばれる中核企業があり、そして、世界各国に独自運営されている企業群があります。

250ほどあるグループ企業のなかには、ジョンソン・エンド・ジョンソンの名前がなく社名だけでは同社グループとはわからない企業も多くあります。グループ企業の規模は大小さまざまですが、我が信条・持続的成長・長期視点という信念を共有する企業の集合体であり、ジョンソン・エンド・ジョンソンが「中小企業の集合体」といわれる所以《ゆえん》です。

一方、分権と集権の議論は常にあるそうです。例えば、情報システムはそれぞれの企業が別々に導入するより全社で導入したほうが効率的でしょう。しかし、自律意識が根付いている各企業は、必ずしも歓迎しないそうです。分権と集権のバランス——ジョンソン・エンド・ジョンソンでも常に検討課題のようです。

Our Credo（我が信条）「～しなければならない」

本節の最後に、ジョンソン・エンド・ジョンソンの「我が信条」について。同社のホームページに全文が掲載されていますので、是非一読ください。

高橋浩夫氏が著書『〃顧客・社員・社会〃をつなぐ我が信条―SDGsを先取りするジョンソン・エンド・ジョンソンの経営』（同文館出版）で指摘しているように、「～しなければならない」という文章であることが特徴です。そして、すべての「ならない」が、「確かにそうだな」と思わせる内容です。日本語訳では安易なカタカナが使われていない、誰でもわかる言葉で書かれていることも素晴らしいです（もちろん原文は英語ですが）。ジョンソン氏が自らの言葉で語ったことがよくわかります。

9　ミネベアミツミ中興の祖 貝沼由久氏

書を捨てよ、現場に出よ。戦略と執行の経営者

貝沼由久会長に初めてお目にかかったのは、東京・港区高輪にあった旧東京本部の応接室でした。その少し前に、貝沼氏（当時は社長）の秘書の方からメールを頂戴しました。拙著『電子部品だけがなぜ強い』（日本経済新聞出版）を貝沼氏が読んでくださり、お声がけをいただいたのです。本書の執筆にあたり、ミネベアミツミを変革した貝沼氏に登場いただきたいと考え、東京湾の眺望が素晴らしい東京・港区汐留の新東京本部にて改めて取材の機会をいただきました。

貝沼氏は日米の弁護士資格をお持ちですが[15]、座学ではなく実践の経営者、旺盛な事業意欲を持つ有言実行の経営者です。「書を捨てよ、町へ出よう」（寺山修司）[16]、「学者はついにはものを考える能力を全く喪失する」（ニーチェ）を想起させます。

ミネベアミツミの業績は、貝沼氏の社長就任前と後で激変しました。一時期停滞していた同社をどのように目覚めさせたのか、以下に記していきます。

ミネベアミツミの創業と発展

まず、ミネベアミツミについて。

ミネベアミツミはミネベアとミツミ電機が経営統合して発足した企業です。[17] ミネベアの前身である日本ミネチュアベアリングは、日本航空の技術者・富永五郎氏などが航空産業に不可欠な極小ベアリングの国産化を目指し設立した企業です。髙橋精一郎氏が資金的な援助をし、経営は子息の髙橋高見氏に委ねられることになりました。

髙橋高見氏は、少年時代から「寝ないで働く実業人の生活をしたい」と考えていました。同氏の入社時、社員55人、売上高4000万円の小企業でしたが、60歳で早逝されるまでのわずか30年で、売上高2000億円の企業に発展させたのです。髙橋高見氏は第一の中興の祖、貝沼氏は第二の中興の祖と位置付けられます。

弁護士資格を持つ経営者

貝沼氏は1980年に司法試験合格、1983年に日本で弁護士登録、1989年にはニューヨーク州弁護士登録。弁護士として勤務の後、1988年に髙橋高見氏から要請を受けミネベアに法務担当取締役として入社（32歳）。その半年後に（1989年5月）、髙橋氏は急逝しています。20年後の2009年4月に代表取締役および社長執行役員に就任、2017年代表取締役会長兼社長執行役員（CEO&COO）を経て、2024年会長兼CEOに就任。入社から社長就任の間には、法務関連のみならず、赤字事業の立て直し（高級家具事業や半導体メモリー事業〈これらはのちに譲渡〉、パナソニックとの合弁事業等）、営業責任者として多くの新規顧客の開拓など

図表25：ミネベアミツミの主要数値

	1989年9月期	2009年3月期	2024年3月期	変化	年率変化率
売上高	2293億円	2562億円	1兆4021億円	5.5倍	12%
営業利益	337億円	134億円	736億円	5.5倍	12%
（対売上高）	15%	5%	5%（注）		
総資産	6175億円	2854億円	1兆4161億円	5.0倍	11%
純資産	1831億円	1068億円	7157億円	6.7倍	14%
時価総額		1429億円	1兆2603億円	8.8倍	16%

注：複数の大きな顧客向けの事業で、有償支給される部品が2,000億円ほどあり、それを売上高から除いた営業利益率は7%程度。統合前はミネベア単体のデータ。
出所：公表資料より筆者作成

図表26：ミネベアミツミの売上高および営業利益の長期推移

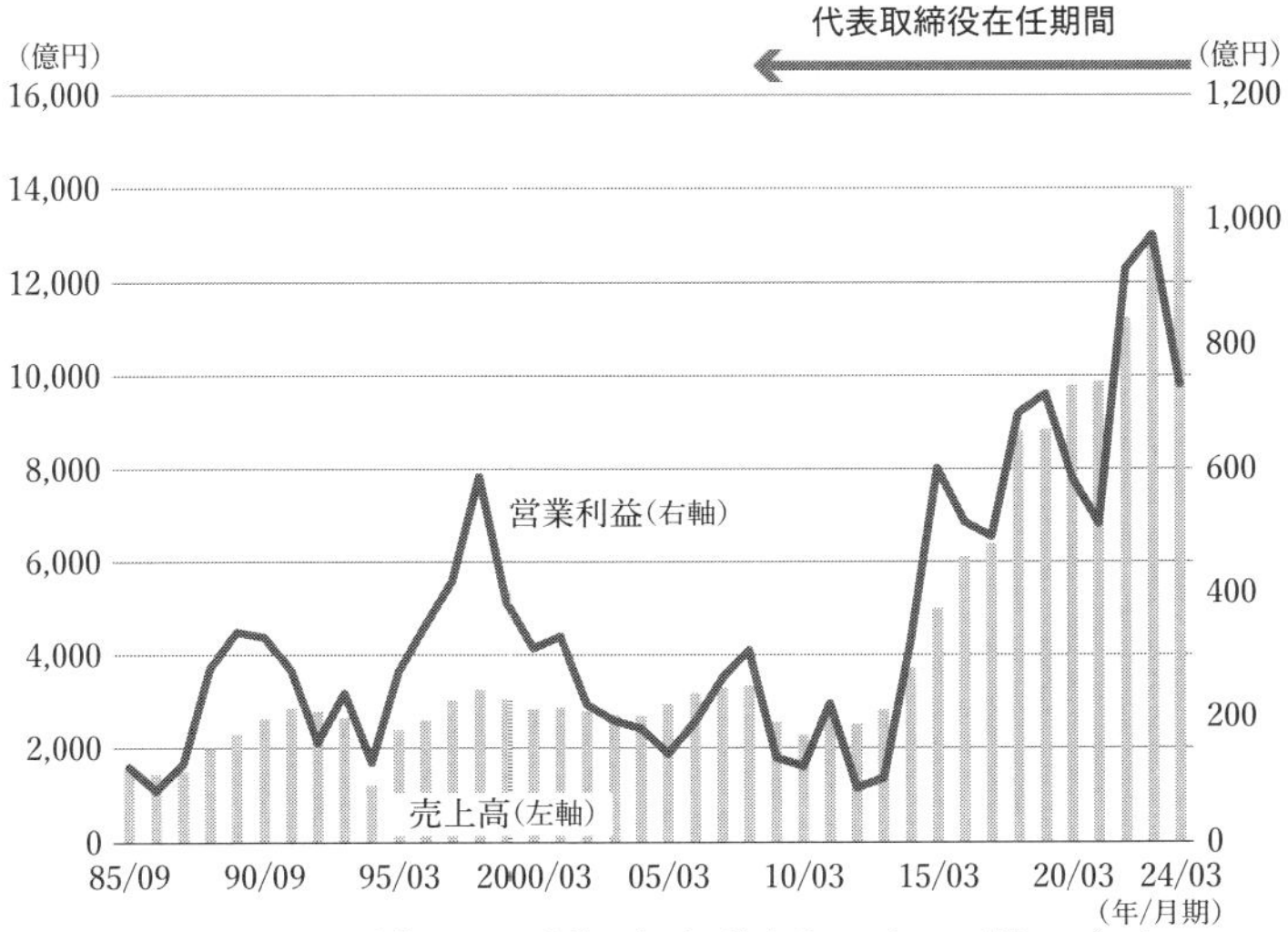

注：1994年3月期より9月決算から3月決算に変更。統合前はミネベア単体のデータ。
出所：公表資料より筆者作成

の実績を残しています。

停滞と復活

髙橋高見氏が存命でいらした最後の決算期（1989年9月期。当時は9月決算）に、売上高2293億円、営業利益337億円と、素晴らしい業績を残しています。そして、髙橋氏逝去から貝沼氏の社長就任までの20年間の平均業績は、売上高2800億円、営業利益270億円。十分な業績ですが、この20年間は成長しなかったことになります（この期間は、日本経済の低迷に加え、髙橋社長時代の多角化事業の一部の収束に経営資源が割かれたことを補記しておきます。総資産の大幅な減少はその証左です）。

そして、貝沼氏が吉田勝彦氏に社長を譲りCEOに就任した2024年3月期は売上高1兆4021億円、営業利益736億円。在任15年間で、売上高、営業利益ともに5倍以上（年率12％成長）に成長させています。

戦略と執行

20年にわたり横ばいだった企業をどのようにして目覚めさせたのか。各論に入る前に、その思考について考えていきます。

企業には、研究、開発、製造、営業、広報、人事、法務、企画、総務などなど、ありとあらゆる機能があります。そのどれも経営者が自ら行うことはなく、各部門に委嘱することが経営者の仕事であり、したがって、経営とは各論に詳しい云々ではなく総合的な判断力・演出力に行き着きます。

貝沼氏は現場を重要視しており、現場に行き、観察し、関係者の話を聞く。前線との質問―回答―質問―回答のやりとりから、戦略の構想を得る。本質を発見するための「質問力」も重要で、貝沼氏は、常日頃から**あらゆることに関心を持つことが汎用的な洞察力・判断力を磨く**としています。

このことを聞いて思い出したのは、秋元康氏の「気づき」、小山薫堂氏の「おせっかい」です。両氏は、日々接するものについてどんなことでも「気づき」「私ならこうするのに」と考える習慣が大切だとしています（例えば、秋元康『企画脳』〈PHP文庫、2009年〉、『秋元康の仕事学』〈NHK「仕事のすすめ」制作班編、NHK出版、2011年〉、小山薫堂『考えないヒント―アイデアはこうして生まれる』〈幻冬舎新書、2006年〉等）。

このようにして大方針（戦略）を決めるのが経営者の仕事だと、貝沼氏は考えています。同時に、その戦略を執行できる右腕の存在も欠かせないとのことです。

社長が一番働く

貝沼氏は戦国武将が好きで、大将が「俺はここにいるからお前たち戦ってこい」では、誰もついてこないといいます。トップの仕事は戦略を考えることではあるものの、現場から遊離することがあってはならないと考えているのです（この点に関しては後述します）。

そして、貝沼氏は、髙橋高見会長の言葉「自分より給与の低い人に自分以上のことを求めるな」を「トップが一番働け」と言い換え、実行しています（もちろん、時間的にということではありません）。

復活に向けて――危機感と具体策

さて、20年にわたり横ばいの業績であった企業をどのように復活させたのか。

具体的な施策の前に、まず危機感が最大の動機でした。前述のように損益計算書の数値は決して悪くはないのですが、有利子負債は1400億円弱と営業利益の10倍。その営業利益も、事業別でみると機械加工175億円の黒字、電子機器41億円の赤字となっており（14の事業部のうち半分は赤字）、一方で時価総額は1400億円に過ぎず、ミニチュアベアリングでの高占有率を考えると恰好の買収対象になりえる水準でした（例えば、ベアリングの同業が買収して電子機器事業から撤退したら、魅力的な買収になったでしょう）。

具体的な行動としては、以下の4つになります。

1　自社の事業の再定義→組織再編／各事業領域の「相合《そうごう》」

2　課題事業の再建もしくは撤退

3　長期目標の提示、社員の経営参画意識
4　企業買収による企業力の強化

ここで、相合とは、「総合」ではなく、「相い合わせる」ことを意味し、自社保有技術を融合、活用して「コア製品」を進化させるとともに、その進化した製品をさらに相合することでさまざまな分野で新たな製品を創出するという意味の、ミネベアミツミ流の言葉です。

自社の事業の再定義

自社の「存在価値」「誰にも負けないこと」「競争力の源泉」は、企業経営において最も重要な認識と思われます。貝沼氏は、自社の存在価値は、「精密加工技術」を「大量かつ迅速に世界中に供給可能」なことと整理し、事業の見直しを行いました。

社長就任前には14あった事業部を4つの事業本部に整理。同時に、各事業本部が事業全体の責任を持てるようにしました。それまでは、事業部と独立した5つの本部（製造、営業、技術、業務、管理）があり、製造本部による製造（どの事業にも共通的な製造。例えば金型製造等）、各事業固有の製造、営業本部のように分かれていたものを、それぞれの事業本部に製造、営業機能も持たせたのです。

「8本槍」と企業の義務──永続すること

4つの事業本部とは別の切り口で貝沼氏が打ち出したのが、毛利元就の「3本の矢」になぞらえた8本槍です（最初に槍が登場したときは「5本の槍」で、その後、8本槍──ベアリング、アナログ半導体、モーター、アクセス製品、センサー、コネクター／スイッチ、電源、無線／通信／ソフトウェア──に拡充されています）。

貝沼氏は「集中しすぎる」ことに反対しています。その心は、企業の**最大の任務は永続すること**であり、特定事業に偏ると何が起こるかわからないとの考えによります。最大収益事業であるベアリング事業は「産業のコメ」的製品であり需要がなくなることは想定しづらいのですが、技術革新などにより劇的な占有率の変化が起きることはありえます（事実、ハイテク産業では珍しいことではありません）。

また、短期でみれば需要変動があるのはどの事業でも避けられず、一方、企業は従業員への給与など固定費を抱えていますから、外部環境の変化の影響を緩和したいと考えるのは、経営者ならではの切実な思いと推察します。事実、同社では、新型コロナウイルス感染症が大流行していたときは、主力事業のひとつである航空機用部品の需要は激減、一方で巣ごもり需要からゲーム機関連事業はフル稼働となり、会社全体としては感染症の影響を抑制できました。

規模は力

多角化は企業としての力の獲得のためでもあります。

ロームの佐藤氏の節で、佐藤氏が果敢に半導体事業に挑みいまがあることを書きました。仮にロームが祖業の抵抗器に特化していたとしても成功していたでしょうが、その場合、（抵抗器の産業規模から推察して）売上高1000億円を超える企業ではなかったでしょう。

同じように、ミネベアミツミの祖業ベアリング事業は現在、売上高1500億円、営業利益300億円といった水準と推定されます。50％以上の占有率と営業利益率20％程度を維持し、かつ、着実に成長しています。収益性、効率性といった観点からみれば、ミニチュアベアリングに特化していたとしたら経営書に取り上げられる教科書的企業であったことでしょう。

一方で、絶対額は企業の力の象徴ともいえます。売上高が大きいことはすなわち仕入れも多くなります。税金は社会への貢献と同時に社会への発言力になります。従業員が1人増えることは、その家族、友人などを含め、おそらく50人、100人分の影響力を持つことでしょう。貝沼氏は「企業が大きくなると入社してくれる人の質が格段に上がる」と実感しているとのことでした。

そのため、企業買収にも積極的です。貝沼社長時代の売上高の増加額1・2兆円のうち、5000億円程度が以前からの事業の増収、6000億円強が新しくグループに加わった企業の貢献によるものです。

多角化の原則

ただし、多角化は有機的なものであることが必要で、同社においても以下の原則があります。

1　大きな産業のなかの部分で、そこに特化することで高い占有率・競争力を持てること
2　汎用的で需要がなくならないこと
3　他の事業との「相合」効果が見込めること

例えば、ボールベアリングの世界産業規模は437億ドル（2023年、IMARC Group 調査）で、SKF、日本精工、シェフラー、NTNといった大きな企業が存在します。前項のようにミネベアミツミのベアリングの売上高は約1500億円ですから、広義のベアリング産業での占有率は5％未満になりますが、ベアリングのなかの一部（外径22ミリメートル以下）に特化することで、同領域に限定した世界占有率は60％と圧倒的です。

半導体も同様です。世界産業規模は6000億ドル程度、ミネベアミツミの半導体事業の売上高は1400億円程度、占有率でみれば1％にもなりません。しかし、ミネベアミツミは半導体のなかでアナログおよびパワー半導体と呼ばれる分野に特化しています。アナログ半導体の頂点に位置するテキサス・インスツルメンツ（2023年12月期、売上高175億ドル、営業利益73億ドル）は遠い存在ですが、アナログ半導体は最先端設備への巨額投資を必要とせず、また、比較的市場が分化されているため、領域特化することで高い占有率を確保することが可能です。

事業撤退は社長しか決断できない

前述の電子機器事業の赤字から推定されるように、社長就任時には多くの赤字事業がありました。ソニーなど大手民生機器企業向けスピーカー事業、世界の大手パソコン企業向けキーボード事業（ピークには世界1位の生産量でした）は技術的な差異化が難しくなり、撤退しました。後述するように、事業撤退はトップにしかできない重要な判断です。これらの事業徹退によって浮いた経営資源、すなわち優秀な人材は、その後、他の事業部で大きく花開きました。

一方、ＨＤＤモーターは「集中治療室」に移し、貝沼社長直属で収益改善に取り組み、黒字転換しています。

自律した人・組織——キャッチャーがセンターフライを捕る

貝沼氏は、取締役時代に赤字続きであったミネベア・松下モータ（現ミネベアモータ）の再建を担当、短期間で黒字化を達成しています。同社に限らず苦戦事業に共通するのは「ゾーン・ディフェンス」だそうです。すなわち、「○○は私／当部の仕事、△△は私／当部の仕事ではない」という意識です。あるいは、機械の速度をもう少し速くしてみたらと指摘したときの「昔からの決まりですから、できません」といった型にはまった思考です。ミネベアミツミにおいてはそうではなく、「キャッチャーがセンターフライを捕る」社員、すなわち目配り気配りできる社員を増やすことが重要で、具体的な施策云々は、そのような意識があれば自然と生まれるようになるとのことでした。

ソニーの盛田氏も全く同じ考えでした。「たとえば、うどん屋にうどんの出前を頼んだとき、もし配達の若い者が風邪で休んでいたらどうするか。（中略）今日は配達係が休んでいるから出前はしませんといううどん屋はない」と言っています。

また、ミネベアミツミは権限が委譲された企業と感じます。筆者は、同社カンボジアで勤務する30代半ばの若手社員にインタビューをしたことがあります。その社員は日本の電子部品企業から転職、（英語がおぼつかないのに）すぐにカンボジア勤務になり、1年も経たずに350人のチームのトップを任じられました。筆者は驚きましたが、同社では全く珍しいことではないそうです。

最大の危機が組織能力を際立たせた

2011年のタイの大洪水は、まさにセンターフライを捕る組織であることが示された出来事でした。親日国タイには日本企業が多く進出しており、ミネベア（当時）も3万人の従業員と5つの工場を持っていました。そのうちの2つの工場が浸水、他の3つの工場も稼働停止など大きな打撃を受けました。

しかしながら、タイ人幹部は日本からの指示を待つことなく、（水没を逃れた工場では）土嚢による防波堤構築などにより被害を最小限にとどめました。水没した工場では、全社員に避難を指示したものの、一部の社員は自らの判断で工場に残り、三日三晩を工場の屋根で過ごしたそうです。貝沼氏は現地に飛び、ヘリコプターと船で日々状況を確認、陣頭指揮を執りましたが、おそらく、そのような行動をとった経営者などほとんどいなかったはずです。

速度こそすべて

ヘリコプターつながりでもうひとつ。ミネベアミツミは現在ヘリコプター1機、小型飛行機1機を所有しており、国内外の役職員の移動、ときには顧客の送迎に使用しています。速さは、その意思があれば誰でもできる競争力ですが、そうでない企業が多いのが現実です。日本企業が競争力を失った大きな理由は意思決定の遅さでしょう。[18] 貝沼氏は社員に「私は3秒で判断する」と伝えているそうです。

ソニーの盛田氏も速度を最重要視していました。盛田氏がソニーの社長時代、若手が欧州から米国へ急ぎ行く必要ができたとき、盛田氏は「コンコルドを使え」と指示したのです。盛田氏は時間が一番重要であり、時間を短縮できるのであれば追加費用などすぐに取り返せると発言しています。

人と違う発想——直行便がない工場

ヒロセ電機の酒井会長の節で「東京から遠い遠い町」の話をしました。これとまさに同じことを貝沼氏も言っています。同社の工場はなぜカンボジアにあるのか。日本からの直行便がない地域（当時）をあえて選択しているのです。日本からの直行便があると他社も進出し優秀な人材を採用できないとの見立てです。タイで乗り換えるたびに時間の無駄を感じるのですが、そのたびに「これが合理的な判断だ、これでいいのだと自分に言い聞かせる」そうです。

また、前述のタイの洪水の際、5工場のうち浸水した2工場は工場団地内にあり、同社独自で選択・建設した3工場は浸水せず、人と違う意思決定が重要であることを再認識したといいます。

コラム②

人類の英知

コラム①において、筆者が所属するフロンティア・マネジメントの自社メディアにおいて連載している「村上春樹さんから学ぶ経営」シリーズを紹介しました。並行して連載しているのが「人類の英知」シリーズです。2024年11月時点で10回連載しており、そのなかの第1回「人類の英知～『0.000000000000000000001』と『重力波』」を紹介します。

ノーベル賞を受賞した重力波の観測

2017年のノーベル物理学賞は「重力波」を観測したチームに与えられました。受賞者は、レイナー・ワイス、バリー・バリッシュ、キップ・ソーンの3氏ですが、同観測は15か国からなる約1000人のチームによるものです。ノーベル賞は世界最高の名誉ともいえる賞であるだけに、選考委員会は極めて慎重ですが、重力波に関しては観測直後に授与しています。

何がすごいのか。ひとつはその観測精度です。なんと、10^{-21}（0.000000000000000000001）です。これがどれほどすごいことかといいますと、地球と太陽の距離が原子1個分長くなった・短くなったことを観測するに等しい精度です。私は耳を疑いました。どうやって測るのだろう、どうやってその正確さを担保するのだろう、と。人間の目では0.01（10^{-2}）でも難しいのではないでしょうか。

このような驚きの精度ですから、物理学者でさえ、自分が生きている間に重力波の実証は無理だろうと考える人も多かったそうです。

実際に何を観測したのか

重力波を観測した設備は、米国のＬＩＧＯ（Laser Interferometer Gravitational-Wave Observatory：レーザーの干渉を利用して重力波を観測する施設）と呼ばれる施設です。２つの棒（といっても、真空内に配置された超高精度な長さ4キロメートルの棒で、物理学者は「腕」と呼んでいます）が直角に配置され、その腕の中で飛ばしているレーザーの干渉を利用して長さを計測する設備です。

重力波は物体を一方向に伸ばし、その直角方向に縮めます。すなわち、LIGOに重力波が届いたのであれば、一方の腕が伸び、一方の腕が縮むことになります。

そして、2015年9月。設備の性能を強化して観測を始めてわずか数日後、LIGOの腕が 10^{-21} の変化を捉えました。人類が初めて観測したこの重力波は「GW150914」（2015年9月14日に観測したGravitational Wave）と名付けられています。

その観測結果が正しいなんてどうやって保証するのだろうと考えます。技術的な詳細はとても素人が理解できるものではありませんが、米国のルイジアナ州のジャングルとワシントン州の砂漠（3000キロメートル離れている）に同じ設備を2つ用意し、その2つの設備が同じ観測結果であったのです！　とはいえ、この精度ですから、公表されたのは、観測した日から約半年経過してからでした。世界トップの科学者が半年かけて検証を行ったのです。

そもそも重力波って何？　100年前の予言

重力波にノーベル賞が授与されたのは、その観測精度とともに、重力に関する偉大な理論を裏付けたことです。

重力に初めて気づいたのはニュートンであることはよく知られています。ニュートンは、重力が「万有引力」（あらゆる物体に作用する力）であることに気づき、また、その強さの定式化に成功した……という偉大な業績を残しましたが、重力が働く仕組みについては何も語ることができませんでした。

300年後、重力の仕組みを明らかにしたのがアインシュタインの一般相対性理論です。アインシュタインは、重力とは空間（厳密には時空）の歪みであると見抜きました。空間が歪むことを初めて発見した人間になったのです。空間に物質が置かれると、その質量が空間を歪めます。地球が太陽の周りをまわっているのは、太陽が作る空間の歪みに沿って地球が回転している、と解釈されています。トランポリンに鉄球を置くとトランポリンが沈み込みます。そして、その周りを犬（地球）がその歪みに沿って駆けずりまわっているといったイメージになります。私たちの肉体も例外でなく、空間を歪めています。

アインシュタインはさらに、物体が加速度運動をすると、空間の歪みが伝播していく＝重力波が発生することも予言しました。トランポリンの上に置いた鉄球を弾ませると、トランポリンの振動が波及していくイメージです。

13億年の時を超えて

しかし、この重力波は極めて微弱なので、観測するためには、想像を絶する巨大な物体が動き、強い重力波を発生させてくれることが必要です。

今回観測した重力波のもととなったのは、なんと太陽の29倍の重さと、同じく36倍の重さの2つのブラックホールが激突し、ひとつになった衝撃です。太陽の重さは地球の33万倍ですから、その衝撃のすごさは想像を絶するものです。その衝撃によるトンデモナイエネルギーが強い重力波を発生させたのです。

この衝突は地球から13億光年離れた場所（光速＝1秒で地球を7周半する＝でも13億年かかる）で起きました。すなわち、この衝突はいまから13億年前に起きた事象であることを意味し、とても不思議な気分になります。13億年前の事象をLIGOは「聞いた」のです。

《第2章注》

1 盛田氏は、米国の「TIME」による「20世紀において最も重要な100人」に選ばれた数少ないアジア人のひとり、唯一の日本人です。世紀の100人に選ばれるというのはすごいことです。

2 1956年のノーベル物理学賞は、半導体に関する優れた研究成果を残したウィリアム・ショックレー、ジョン・バーディーン、ウォルター・ブラッテンの3氏に授与されました。ショックレー氏が所長を務めたショックレー半導体研究所が、その後のシリコンバレーの隆盛につながったといわれます。また、江崎玲於奈氏はソニー社員時代に開発した半導体技術によって、日本人として4人目のノーベル賞を受賞しています。

3　50年前に、「50年後、ロームが東芝に出資しますよ」と言ったら、「えっ？　逆でしょ？」と言われたことでしょう。

4　時が下って2001年になっても、アルプス電気の片岡政隆社長（当時）が「EMS企業〈電子機器の生産を受託する企業〉の契約条件は酷い。村田さん（＝村田製作所の村田泰隆社長）も公の場でもっと発言してくださいよ」（「週刊ダイヤモンド」2001年11月17日号）と発言したほどなのです。多くの顧客の製造を集約することで強大な購買力を持ったEMS企業は、在庫リスクの部品メーカーへの転嫁、出荷後の価格引下げ、キャンセル自由などを要求し、部品メーカーは苦境に立たされていました。

5　値上げが浸透したのは、主力製品においてロームが高い占有率を持っていた（すなわちニッチ企業であった）こと、また、同社製品の品質の高さへの信頼があったことも大きいと思われます。

6　筆者は、「恐怖」を「怒り」に読み替えています。この数年間、週刊誌への情報提供に端を発した話題が世間を賑わせてきました。週刊誌に情報を提供しても経済的な見返りはないそうです。すなわち、情報提供の動機は怒りです。ただ、これは負の怒りです。正の怒りとして紹介したいのは、機械メーカーのワイエイシイホールディングスを創業した百瀬武文氏です。同氏は、半導体製造装置大手企業の技術者でしたが、その会社がいわゆるリストラを実行したことで、独立を決意し、上場企業を創りあげたのです。

7　佐藤氏は生前「死んだら灰」とおっしゃっていました。その言葉の通り、公的な葬儀は一切ありませんでした。氏ほどの偉業をなした人物ではありえないことです。戦後日本を救った白洲次郎氏も「葬式無用、戒名不要」と書きました。

8　山田氏の著作を読むと元気が出ます。『稼ぎたければ働くな』（サンマーク出版、2012年）『日本一社員がしあわせな会社のヘンな〝きまり〟』（ぱる出版、2011年）、『楽して、儲ける！』（ＫＡＤＯＫＡＷＡ／中経出版）など、タイトルからして面白い経営者です。

9　厳密にいえば、損益計算書の利益率は会計処理によって変更しうるもので、本来の事業利益率は（利益÷投下資本、いわゆるＲＯＩＣ）で測られるべきではありますが、通常、損益計算書の利益率とＲＯＩＣは連動すること、また、社員全員が簡単に共有できる（すなわち改善できる）指標であることが重要であり、したがって、本書でも損益計算書の利益率に統一しています。

10　梅原氏が幼いころはお手伝いさんがいる裕福な家庭だったのですが、父の博打の失敗で一家離散となったそうです。中学校に通えない現実を受け入れられず、入学式だけ参加、1日だけの中学校生活だったそうです。

11　生産を自社で行うか外部委託するかによって変わるのはコストの高低ではなく、変動費か固定費か、および、資金効率です。

12　「できなかった」と同時に「しなかった」ともいえるかもしれません。キーエンスの同業他社は同社をそれほど脅威だと認識していなかったように思います。30年ほど前、同業の1社の方に「キーエンスは脅威ではないですか?」とお聞きしたところ、「うちが負けるはずがない」との回答でした。

13　もちろん、大きな仕事が将来の飛躍をもたらすこともありえます。例えば京セラは、技術的難度が高く誰も製造できないであろうと思われたＩＢＭ向けのセラミック部品を受注し、まさに昼夜問わずの開発に挑み、顧客要望を実現したことが、その後の飛躍につながりました。したがって、大型の引き合いに対する反応の有無は一般論としてどちらがよいとはいえないのですが、滝崎氏においては意思決定にブレがないことがすごいと思いますし、また、「経営とは何かをするより何かをしないか」であるとの格言を思い出させるものです。

14　ＩＢＭという巨大な企業を再生した行程が書かれた同書を筆者は興味深く読みました。

技術には明るくないと思われるガースナー氏が同社を再建できたことは、普遍的な企業経営力の表れといえるように思います。同書に記された企業文化に対する深い認識、原則で判断する、なすべきことを決めるのは顧客、階層組織を排除する、計画は執行されて初めて意味がある――などは的を射ていると思います。

15
弁護士資格を取得したのは、大学4年になって「毎日通勤電車に乗るのは嫌だ」と思ったからです。この話を聞いて私が思い出したのはＺＯＺＯ創業者の前澤友作氏です。同氏は高校の通学時に電車で疲れた顔のサラリーマンをみて、サラリーマンにはなりたくないなと思ったそうです。

16
寺山修司氏は多数の著作を残していますが、『書を捨てよ、町へ出よう』（角川文庫、２００４年）は（適切な言葉が難しいのですが）前衛的な内容です。

17
ミツミ電機は１９５４年に森部一氏が東京・大田区で創業。各種電子部品の他、パソコン用記憶装置、半導体などに事業を展開。１９９０年代に売上高２０００億円を超え、主要電子部品企業の1社となりました。また、世界的アミューズメント企業のゲーム機の組み立て企業の1社としても知られます。

18
少し話が拡大しますが、速度について思うとき、いつも思い出し、見習いたいと思う人がいます。筆者が米国のモルガン・スタンレーで働いていたとき、米国人の先輩にソフトウエア産業担当アナリストのチャールズ・フィリップスさんがいました（チャックと呼ばれていました）。チャックは「24時間いつメールをしても1時間以内に返信がある」といわれていました（もちろん誇張が入っていますが）。その後、チャックは、ラリー・エリソン（オラクル創業者、世界富裕ランキングの常連）に見出されオラクルの第2代社長に就任、その後も輝かしい経歴が続いています。

第3章

次世代を担う経営者へ

前章で紹介した「9賢人」。その賢人たちからの教えに基づき、本章では、今後を担う経営者にお願いしたいことを述べていきます。

1　社員が退職するときに「ああ、よい会社で幸せだった」と言わせてほしい

経営者の皆様にまず何よりお願いしたいことは、社員が退職するときに「ああ、私は幸せだった、この会社に入ってよかった」としみじみ感じられる企業にしてほしいということです。

もちろん、それは物心ともにですが、経済的条件は重要です。例えば新卒で入社して40年後に退社するときの給与が世界平均の半分しかなければ、いかに充実した仕事をしてきたとしても老後が心配になります。

第1章で既述したように、1990年以降、1人当たりGDPは（国ごとの絶対水準が大きく異なることを承知のうえで）世界平均でみると年率3％程度で成長し2・5～3・0倍ほど、特に、米国は3・4倍になっていますが、対して日本は1・3倍にとどまり、現在、日本人の給与は米国人の40％しかないのです（45ページの**図表7**）。

すなわち、極めて単純化していえば、社員の給与が1990年に比べて2・5倍ほどになっていないと、世界のなかで相対的に社員は貧しくなったということになります。繰り返しになりますが、為替、所得の絶対水準の大きな差、国ごとの物価などなどさまざまな要素があるので、極めて単純化した話ではあります。

今後はどうでしょうか？　自然破壊を前提にした経済発展は抑制されるべきですし、世界的に高齢化が進むことを考えると、過去ほどの成長は難しいでしょう。筆者は学者でも何でもないので適当な前提ですが、仮に対世界で社員を貧しくしない成長率を年率2・0～2・5％、間をとって2・25％とすると、10年で1・2倍、20年で1・6倍、30年で1・9倍、40年で2・4倍となります。したがって、あくまでも仮の話ですが、40年後の社員の平均給与を最低でも2・4倍にすることが、ひとつの目安になるかと思います。

図表27：経営者の責務
――社員を物的に不幸せにしない数値

	世界並み	幸せ	とても幸せ
成長率／年	2.25%	2.75%	3.25%
10年	1.2倍	1.3倍	1.4倍
20年	1.6倍	1.7倍	1.9倍
30年	1.9倍	2.3倍	2.6倍
40年	2.4倍	3.0倍	3.6倍

出所：筆者作成

ただ、これらの数値は仮置きしたものであり、筆者がここで申し上げたいのは「利益が出ていればよい」ではないということです。**利益は「環境利益」と「経営利益」に分けることができます。**前者は世の中の状況次第で他社と同じように出せる利益、後者は経営によって出す利益で、筆者は後者を期待したいのです。経営者には、社員に対して「**心配するな、私についてきて。幸せにするから**」と言ってほしいのです。

2 「中期経営計画」では人は動かない
――魂を揺さぶる「I have a dream」

計画では人は動かない
――米国を変えた「I have a dream」（私には夢がある！）

筆者は、2023年に『図解入門業界研究 最新電子部品産業の動向とカラクリがよーくわかる本』（共著、秀和システム）を出版し、その「第3章 経営者と理念」において、著名経営者の経営理念を紹介しました。

執筆中に改めて気づいたのは、どんな企業でも「創業時は夢があった」ということです。何かを実現したい、何かを社会に問いたい、世界を変えたい……。強い思い＝夢があったはずです。しかし、時の経過とともに創業時の夢は忘れられ、日々の売上高、利益に焦点が移ってしまいます。

そんなことを考えていて、たまたま手に取った『ＷＨＹから始めよ！―インスパイア型リーダーはここが違う』（サイモン・シネック、日本経済新聞出版）という本。同書では、世界で初めて飛行機を飛ばしたのが世界で指折りの学者ではなくなぜライト兄弟だったのか、巨大な資本を必要とする航空産業において小さな資本のサウスウエスト航空がなぜ巨大企業を打ち負かせたのか、ハーレーダビッドソンはなぜエンブレムが入れ墨にされるほど支持されるのか――などを通して、「What」や「How」ではなく「Why」から始めよ、動機が重要なのだ、と説いています。

同書で取り上げられていたマーティン・ルーサー・キング・ジュニア牧師の有名な「I have a dream（私には夢がある）」演説の動画を、最初から最後まで観てみました。１９６３年、「ワシントン大行進」を経てリンカーン記念堂を埋め尽くした25万人を前にキング牧師は訴えました。[1]その演説の、格調高く、かつ、力強い交響曲のように圧倒する迫力は筆舌に尽くしがたく、ぜひ実際の映像をご覧いただきたいと願います（YouTubeですぐにみつかります）。人々の魂は揺さぶられ、その翌年の「１９６４年公民権法」はこの演説なくしては成立しなかったことでしょう。本論とは直接関係がないのですが、キング牧師の演説から美しい一文を挙げましょう（筆者訳）。

I have a dream
that one day on the red hills of Georgia,
the sons of former slaves and the sons of former slave owners
will be able to sit down together at the table of brotherhood.
私には夢がある。
いつの日か　ジョージアの赤土の丘の上で、
かつての奴隷の子とかつての奴隷主の子が、
人類愛のもとにともに語り合える日がくることを。

「I have a plan」では人は感動しない――計画経営から夢経営へ

このキング牧師の演説が、「I have a plan. ○○年までに黒人がレストランに自由に入れるようにして、○○年までに黒人の所得を白人の○○%にして……」であったならば、人々の魂を震わせることもなく、歴史に残ることもなかったことは明らかだと思います。

キング牧師の演説を聞いて筆者は思いました。会社経営では中期経営計画について説明されることが一般的ですが、「I have a plan」では人を動かすことができないのではないか、と。す

なわち、

「I have a dream」　→心を打つ

「I have a plan」　→心を打たない

ということです。

もちろん経営計画は重要ですが、その前に、自分たちは何を成し遂げようとしているのか、何になりたいのかを訴え続けることが必須ではないかと思います。もし経営計画を発表する予定があるのなら、「I have a dream」から始めてみてはいかがでしょうか。

夢を語った経営者たち

筆者に馴染みの深い企業の「夢」をいくつか紹介します。

例えば、ＴＤＫは東京工業大学の教授が開発したフェライト（磁性を持つ素材）の工業化を目的に創業された、と一般的には認識されていますが、本当ははるかに重い夢がありました。それは、秋田の貧困を解決することです。１９００年代前半という時代においては、飢饉があると子供を売ることも珍しくなかったといいます。ＴＤＫの創業者・齋藤憲三氏は、フェライトに出合う前に、秋田の名産ハタハタ漁や兎毛の販売などの事業に挑戦しており、極論すれば事業はなんでもよかったのです。氏にとって事業とは**「貧困のない秋田」という夢をかなえる手段**だったのです。

他にも筆者が惹かれる夢経営として、ソニーと浜松ホトニクスがあります。

井深大氏によるソニーの設立趣意書『東京通信工業株式会社設立趣意書』は7000字の長いものですが、特に次の一文は心に響きます

「真面目なる技術者の技能を、最高度に発揮せしむべき自由闊達にして愉快なる理想工場の建設」

浜松ホトニクスの設立趣意は「**未知未踏への挑戦**」であり、その趣意にふさわしく同社の製品はノーベル賞受賞に何度も貢献しており、[2] まさに未知未踏への挑戦を続けています。

3 大局観で導いてほしい
——ボルト氏と競走させる経営者は社員を苦しめる

成長性や技術と産業としての魅力は一致しない

2024年、シャープはグループ企業の堺ディスプレイプロダクト（テレビ用の大型液晶ディスプレイの製造を担当）[3] の工場を操業停止としました。[4] 2009年に4000億円以上を投じ、主要部材企業も敷地内に組み込んだ、巨大かつ最新鋭の工場でした。わずか15年での操業停止。

このことから何を学べるでしょうか。

液晶ディスプレイはいまではテレビ、パソコン、スマートフォン（スマホ）、自動車などあら

（単位：億円）

2020/03期	2021/03期	2022/03期	2023/03期	2024/03期	10年累計
5,040	3,417	2,959	2,707	2,392	56,486
▲14	51	197	▲152	▲65	2,164
▲385	▲262	▲86	▲444	▲341	▲2.069
▲1,014	▲427	▲81	▲258	▲443	▲6.557

ゆるものに使用されています。過去数十年間を振り返ってみて最も成長性が高い製品であったといっても過言ではありません。世界中のブラウン管が短期間ですべて液晶ディスプレイになったのですから、巨大な需要です。30年前、電卓用など小さな産業であった液晶ディスプレイ産業は、現在、10兆円をはるかに超える規模になっています。

技術的にも驚くべきものがあります。例えばテレビでは、現在は「４Ｋ」といわれる世代が一般的で、水平３８４０×垂直２１６０＝８３０万もの画素が敷き詰められています（＝８３０万個が無欠陥でないといけません）。[5] そして、それらの膨大な数の画素は、人間の目にはなめらかな動画と判断される速さで制御されています。30年前、液晶画面はパソコン用ならまだしも、大画面かつ高精細かつ高速度かつ高視野角が必要なテレビ用として実用化することは極めて難しいと、技術者でも思っていたでしょう。それがわずか30年で、そのような技術の結晶が5万円（40インチ）で買えるようになってしまったのです。技術の進歩というのはすごいものだと驚きます。

堺工場の停止で日本にテレビ用ディスプレイの工場はなくなります。スマホ向けなどの中小型ディスプレイでは、シャープとジャパンディスプレイが残っていますが、シャープは中小型液晶でも２０２４年３月期に１１００億

図表28：ジャパンディスプレイの業績

	2015/03期	2016/03期	2017/03期	2018/03期	2019/03期
売上高	7,693	9,890	8,830	7,190	6,367
粗利益	566	710	622	36	212
営業利益	56	109	107	▲551	▲272
純利益	▲95	▲421	▲355	▲2,397	▲1,066

出所：公表資料より筆者作成。▲はマイナス

円超の減損を実施しています。もう一方のジャパンディスプレイは、ソニー、豊田自動織機、セイコーエプソン、三洋電機、東芝、パナソニック、日立製作所、キヤノンの事業を継承している、まさに日本連合軍ですが、同社の最終損益はなんと過去10年連続赤字、その赤字合計額は6500億円、10年間のうち3期は粗利段階で赤字、売上高はピークの9890億円から2390億円まで減少しています。[6]

急成長かつ高度技術が必要な産業。魅力的にみえます。しかし、事業としてみると極めて厳しい結果なのです。恐ろしいことですが、日本の液晶ディスプレイ産業全体として過去30年間累計の損益は赤字でしょう。すなわち、「成長性」と「事業としての魅力」は一致しないのです。

ウサイン・ボルト氏との競走を強いる経営には疑問

筆者が液晶ディスプレイ産業をみて想起するのは、陸上競技の100メートル走およびマラソンです。

100メートル走の日本記録を世界記録と比べると、1980年代半ばまで0・4秒ほどの差がありましたが、1998年には、その差は0・15秒ほどにまで縮まります。そこに登場したのが新興国ジャマイカです。現在、

100メートル走の世界記録はジャマイカのウサイン・ボルトさんの9秒58秒。トップスピードでは秒速約12メートル、時速40キロメートル超に相当する驚異的な速さです。そして、世界記録10傑のうち5人が米国人、4人がジャマイカ人、1人がケニア人になっています（本書執筆時点）。もともとは欧米の「産業」であった100メートル走に、日本が参入、続いてジャマイカが参入、「世界産業」になったことで、日本記録（山縣亮太さんの9秒95）と世界記録の差は再び拡大し、いまでは0・37秒の差があります。

もうひとつの陸上競技の花マラソン。100メートル走では「日本記録＝世界記録」という時代はありませんが、マラソンでは一時期、「日本記録＝世界記録」だったのです（マラソンはコースなどの条件によって記録の出方が違うという議論は、ここでは置いておきます）。しかしながら、現在の日本記録（鈴木健吾さんの2時間4分56秒）は、世界記録（ケニアのケルヴィン・キプタムさんの2時間0分35秒。……人類史上初の2時間切りを達成する選手と期待されたキプタムさんの事故死は痛ましいことです）とは4分超、距離にして1・5キロメートルの差があります。現在では、マラソンの世界10傑のうち6人はケニア人、4人がエチオピア人、1人がタンザニア人になっています（同着のため11人、本書執筆時点）。日本が世界をリードすると思ったのも束の間、新興国ケニアとエチオピアが世界市場に参入したことで、日本人が世界トップに立つことは非現実的になったといえます。

さて、以上の現実を認識したうえで、（世界1位になりたいと夢見る）選手に100メートル走を勧めるべきでしょうか？　筆者はしません。１００メートル走でボルトさんに勝つ可能性はほとんどないと思えるからです。努力が足りないという問題ではないのです。どんなものでも、「向き」「不向き」があります。筆者に歌手になれ、というのと同じくらい無謀なことです。

　陸上競技における過去50年間は、日本企業を想起させます。戦後、奇跡の復活で欧米企業に追いつき、追い越し、「ジャパンアズナンバーワン」の地位を獲得しました（エズラ・ヴォーゲル氏の『ジャパンアズナンバーワン―アメリカへの教訓』。原題は『Japan as Number 1:Lessons for America』。日本語版は広中和歌子・木本彰子訳、阪急コミュニケーションズが発刊されたのは１９７９年）。しかしながら、栄光は長くは続かず、新興国が台頭し追われる立場となり、ついには分野によっては抜かれてしまったのです。

　これまで述べてきたディスプレイ産業はまさにその典型といえます。日本企業は1社として利益をあげられなかったのです。**経営の巧拙を超えて、競技（産業）の選択の問題**のようにみえます。

ヴォーゲル氏の提言とフィンランド

　ヴォーゲル氏は前項の著作の改訂版において、勢いを失った日本へ次のように提言しています。

「中国との競争に備えるためには、立ち直る見込みの少ない会社につぎ込まれている資金を解放し、市場に流すようにしなければならない。新しい企業がより多くの資金を得られる機会が増えれば、ゾンビ企業で張り合いのない仕事をしているような人々も、活性化する機会をえられるようになる」（『新版　ジャパンアズナンバーワン』CCCメディアハウス）

大変厳しい意見ですが、このヴォーゲル氏の提言を実行したのがフィンランドでしょう。2000年代に世界の携帯電話市場を制覇したのはフィンランドのノキアでしたが、アップルおよびアジア企業の台頭により瞬く間に売上を失いました。しかし、フィンランド政府はノキアが携帯電話メーカーとして生き残ることを支援したようにはみえません。[7] 駐日フィンランド大使館の一等書記官（当時）ツッカ・バヤリネン氏は「我が国では**競争力を失った企業への支援は行いません**。税金はこれから伸びる企業のために使います」と発言しています（「Wedge」2013年5月号）。[8]

日本は長期にわたるマイナスもしくは低金利政策を早期に見直すべきでしょう。

社員が「楽をできる」仕組みを作ってほしい

自分ひとりの人生なら100メートル走やマラソンをあえて選ぶことがあってもよいと思います。ナンバーワンになれる可能性は極めて低いとしても、もしくは低いからこそ挑む。ひとつの美学です。

しかし、他人の人生を預かる経営は違います。なるべく効率的に「楽して」利益をあげることを考えるのが経営です。筆者が尊敬する経営者のひとりは、「**経営者の仕事は、社員が寝ていても儲かる仕組みを作ることだ**」と言いました。

自社の事業が100メートル走ではないのか？　液晶ディスプレイではないのか？

仮にいまはそうでなくとも、10年後にそうならない可能性はないのかを考える必要があるといえます。

ジョンソン・エンド・ジョンソンの日本法人の社長を務めた松本晃氏は以下のように言っています（『リーダーシップの哲学―12人の経営者に学ぶリーダーの育ち方』（一條和夫著、東洋経済新報社）。

「ジョンソン・エンド・ジョンソンは経常利益率30％。（中略）粗利益率70％で、30％を経費に、10％を開発費に使えば30％が残る。間違っても粗利率40％の事業はやらない」

「利益が右肩下がりでやがて経常利益率15％になりそうな事業は売却する。一般には15％は悪くない数字なので承継してくれる企業をみつけることができ、人を減らすようなことをしなくてよい」

ちなみに、欧米企業が液晶ディスプレイおよび関連事業から撤退するときにこれらを引き受けたのは、日本企業でした。[9]

液晶、太陽光、次に懸念されるのは……

太陽光発電パネル（シリコン系）産業も、ディスプレイ産業と同じ道をたどりました。日本の世界占有率は50%→1%といったところです。

さらに、現在心配される産業をひとつ挙げておきます。二次電池です。**図表29**に示すように、二次電池に関しては完成品だけでなく、主要4部材（正極、負極、電解液、セパレーター）においても、日本企業は急速に占有率を失っています。設備投資の速さと大きさを競う事業を日本が得意とするとはいいがたく、今後が懸念されます。関係する企業の経営者の腕のみせどころです。

ではどうしたら？——経営者ならではの大局観で導いてほしい

こうしてみてくると、ボルトさんやキメットさんと競走する必要がない、大局観に立った事業戦略が期待されますが、拙著『電子部品だけがなぜ強い』『電子部品 営業利益率20%のビジネスモデル』において詳しく検討しましたので、詳細はそちらに譲り、ここでは、いくつかの驚かされる決断をした企業を紹介します。

1つ目は、米国の半導体メーカーであるリニアテクノロジーのスワンソン会長（当時）によるものです。2005年、同氏は「民生機器の顧客は価格引き下げ要求ばかりだ。**このような低収益の市場で我々の貴重な技術者を消耗させてよいのか**」と考え、当時売上高の30%程度を占めていた民生機器分野から経営資源を引き揚げました。民生機器とは薄型テレビ、携帯電話などのことです。当時、薄型テレビや携帯電話など民生機器は高成長で「熱い」分野、日米欧アジアの主要企業がこぞって強化していたのですが、スワンソン氏には「みえていた」のです。

図表 29：二次電池用主要 4 部材の占有率（%）の変化

	セパレータ		電解液		正極材		負極材	
2013年	旭化成イーマテリアルズ	39	宇部興産	26	日亜化学工業	20	日立化成	37
	東レ	25	三菱化学	26	ユミコア	14	JFEケミカル	17
	Polypore	17	Panax E-tec	17	L&F	10	三菱化学	15
	宇部興産	6	富山薬品工業	13	LGケミカル	7	日本カーボン	12
	住友化学	4	三井化学	6	AGCセイミケミカル	6	・・・	
	・・・		・・・		・・・			
2020年	Shanghai Energy New Materials	22	Tinci/Kaixin	21	XTC	6	BTR	18
	Senior	13	Capchem	13	住友金属鉱山	6	Zichen	16
	旭化成	12	宇部・三菱ケミカルグループ	11	日亜化学工業	5	ShanShan	14
	Sinoma	12	Guotai-Huarong	10	B&M	5	Kaijin	12
	SK ie technology	10	ShanShan	6	ユミコア	5	昭和電工マテリアルズ	7
	・・・		・・・		・・・		・・・	

注：太字は中国企業
出所：富士経済

同社はその後、同業のアナログ・デバイセズによる買収（150億ドル）を受諾しましたが、当時の営業利益率は40〜50％。競争のなかで日本の資産である技術者が「消耗」させられたのとは対照的でした。ひとつの決断がこれほどの差になるのですから、経営者の意思決定の重さを再認識させられます。

2つ目は、京都の電子部品企業である京写のケースです。同社の前社長・児嶋雄二氏は、祖業の捺染用の版[10]事業から撤退しています。売上高の30％を占め、黒字事業でしたが、捺染産業の将来を考えると電子部品事業（電子回路が印刷された「プリント配線板」）に集中すべきとの判断でした。同社は天邪鬼な意思決定をしている企業でもあります。プリント配線板はなるべく多くの電子回路を描き込むために多層化がひとつの技術的変化で、各社が技術競争をしていますが、同社はあえて多層化せず、1〜2層の製品に特化し、そこで高い占有率を獲得することを企図しています。最先端を走り続けることができれば果実は大きいのですが、リスクも大きい世界です（事実、破綻、撤退したプリント配線板企業は少なくありません）。企業の最大の目的は永続することですから、その達成のために必要な大局観といえます。

3つ目は個性的な思考です。新型コロナウイルス感染症により「PCR検査」が人口に膾炙しましたが、これが1993年のノーベル賞受賞技術であることはあまり知られていません。キャリー・マリス博士[11]が彼女とのドライブ中に突然思いつき、すぐに車を止めて計算を始めたそうです。博士は学生時代、生化学者になるか宇宙物理学者になるかの2つの選択肢があったそうですが、前者を選択したのは、以下の言葉にある通り、まさに大局観によるものでした。

「私は考えた。もし、この先ソビエトの脅威がなくなれば、宇宙のことなど緊急課題ではなくなり、国家予算のリストからはずされてしまうだろう。対して生命科学のほうは、予算を決める爺さんたちにとっても身近な問題だろうから、引き続き予算リストに挙げられるはずだ」

4 ニッチを確立してほしい
――二流のピアニストより一流の調律師

含蓄あふれる村上春樹さんの文章から

「ニッチ」は、筆者が経営において最も重要なことのひとつと認識しているものです。この節は、村上春樹さんの著作（『東京奇譚集』新潮文庫）からの引用で始めたいと思います。


「あなたはゆくゆく、コンサート・ピアニストとして名を成すだろうと思っていたんだけど」

「音楽の世界というのは、神童の墓場なんだよ」と彼はコーヒー豆を挽きながら言った。

「もちろん僕にとっても、それはすごく残念なことだったよ。ピアニストになるのをあきらめるのはね。そりゃ、がっかりしたさ。それまで積み上げてきたことが何もかも無駄に終わったんだ、という気がした。どこかに消え失せてしまいたいような気持ちにもなった。でもどう考えても、僕の耳は僕の腕より遥かに優秀だった。僕より腕のたつやつはけっこういるけれど、僕より耳の鋭いやつはいない。大学に入ってしばらくして、そのことに気づいた。そしてこう思った。**二流のピアニストになるよりは、一流の調律師**になったほうが僕自身のためだって」

（太字、傍線は筆者による）

二流のピアニストより一流の経営者

前章でも紹介したように、ロームの創業者・佐藤研一郎氏は優れたピアニストでした。しかしながら、ピアニストでは1位になれないと判断。ピアノに鍵をかけ、起業し、わずか40年で営業利益1000億円の企業を創りあげたのです。

すなわち佐藤氏は、「二流のピアニストよりは一流の経営者」になることを、自分の生きるべき場所が「ピアノではなく電子部品」であることを、冷静に見極めたのです。佐藤氏にとっての「経営者」「電子部品」を、本来の意味でニッチといいます。

「ニッチ」はすきまなどではない、はるかに深い言葉

一般に「ニッチ」は「すきま」という意味で使用されることが多いのですが、実ははるかに

深遠な意味を持つ言葉です。生物学者の福岡伸一博士によれば、ニッチとはもともとは生物学の言葉で「すべての生物が守っている自分のための窪み＝生物学的地位」のことなのです。

アゲハチョウの幼虫はミカン類かサンショウの葉しか、キアゲハはパセリか人参の葉しか、ジャコウアゲハはウマノスズクサという葉っぱしか食べないのだそうです。自分の食性と違う葉っぱを食べるよりも餓死することを選択するのです。つまり、生物は自らのニッチ＝自分だけの場所を見極め、「頑ななまでに自らを限定し、無益な争いを避けている」のです（以上、福岡伸一著『動的平衡2―生命は自由になれるのか』木楽舎、より）。

ロームの佐藤氏の決断は小説にできるほど見事なものですが、ニッチとは自分だけに許された場所、自分が一番輝ける場所なのです。

ニッチが必須に――境界なき世界競争

我々の人生を振り返ればよくわかります。子供のころは、算数も国語もできて、走るのも速くて、歌も上手で、絵も描ける「何でもできる子」がいるものです。しかし、自分が属する「市場」が市、県、国、世界へと広がり、学ぶ内容も高度化していくなかで、すべてに秀でることは難しくなります。「何でもできる」から、何をやらせても「そこそこできる」程度の魅力になり、逆に、特定分野で尖った才能を示す人が出てきます。

ベストセラーとなったトーマス・フリードマンの『レクサスとオリーブの木―グローバリゼ

ーションの正体』（草思社）、『フラット化する世界―経済の大転換と人間の未来』（日本経済新聞出版）は衝撃的でした。一言でいえば、デジタル化などの結果、境界がなくなり世界が平坦化した、ひとつになったというものです。

一方、あらゆる分野が高度化することで、専門分野が細分化しています。象徴的なのは物理学でしょう。アインシュタインは実質的にひとりで特殊相対性理論（1905年）、一般相対性理論（1915〜1916年）を生み出したほか、光電効果、ブラウン運動、量子力学への貢献など、多くの分野で驚異的な業績を残しました。

それから月日は100年下って、重力波を発見した論文には約1000人の科学者の名前が列挙されています。（この例では理論物理学と実験物理学の違いがあるとはいえ）現代社会においてはいかなる天才といえども、広範な分野で傑出した業績を残すことは難しくなっています。これは企業活動でも同じでしょう。

逆に、世界が平坦化したことは、強者には間違いなく朗報です。世界が平坦になる、すなわち、対象市場が「世界」になるということですから。つまり、「ニッチ」が「メジャー」になる。対象市場が「町」の時代には十分な市場規模でなかった狭い領域に特化しても、十分に大きな市場が期待できるようになったのです。

平坦化と高度化という2つの構造的変化がニッチを求めているのです。

世界長者はニッチである

図表30は恒例の「フォーブス」による「世界長者番付2024年版」、**図表31**も同誌による番付でこちらは日本人版です。

「ニッチ」でも〝トンデモナイ長者〟になれることがわかります。例えば、マスク氏が宇宙へ、ベゾス氏がデータセンター事業へといった多角化はありますが、基本的にはある特定産業で圧倒的な競争力、占有率を持つ企業の社主ばかりです。

古くは、例えば、ロスチャイルド家、あるいは日本の財閥のように、多くの分野で成功した企業が世界の長者であったのでしょうが、世界が平坦になったことで、特定分野での成功でも世界長者になれるようになったのです。

総合電機と専門企業の競争――結果はどうなった？

米国にはGeneral Electric（GE、ゼネラル・エレクトリック：直訳すれば「総合電気」でしょうか）という企業がありますが、日本の巨大電機企業は「総合電機」と呼ばれていました。総合電機5社――日立製作所、東芝、三菱電機、NEC、富士通――は、かつてそれぞれの分野の専門企業と競争していたのです。

例えば、パソコンではデルと、携帯電話ではアップルと、エアコンではダイキン工業と、半導体ではインテルと、自動車部品ではデンソーと、電子部品では村田製作所と、半導体製造装

図表30:「フォーブス」による「世界長者番付2024年版」

1	ベルナール・アルノー(LVMH)	2,330億ドル
2	イーロン・マスク(テスラ、スペースX、X)	1,950億ドル
3	ジェフ・ベゾス(アマゾン)	1,940億ドル
4	マーク・ザッカーバーグ(メタ)	1,770億ドル
5	ラリー・エリソン(オラクル)	1,410億ドル
6	ウォーレン・バフェット(バークシャー・ハサウェイ)	1,330億ドル
7	ビル・ゲイツ(マイクロソフト)	1,280億ドル
8	スティーブ・バルマー(マイクロソフト)	1,210億ドル
9	ムケシュ・アンバニ(リライアンス・インダストリーズ)	1,160億ドル
10	ラリー・ペイジ(グーグル)	1,140億ドル

出所:「フォーブス」誌

図表31:「フォーブス」による「日本人長者番付2024年版」

1	柳井正(ファーストリテイリング)	380億ドル
2	孫正義(ソフトバンク)	270億ドル
3	滝崎武光(キーエンス)	210億ドル
4	佐治信忠(サントリーホールディングス)	93億ドル
5	関家一馬(ディスコ)	74億ドル
6	高原豪久(ユニ・チャーム)	62億ドル
7	重田康光(光通信)	42億ドル
8	森章(森トラスト)	41億5,000万ドル
9	安田隆夫(パン・パシフィック・インターナショナルホールディングス)	41億ドル
10	三木正浩(ABCマート)	40億5,000万ドル

出所:「フォーブス」誌

図表32：勝者はニッチ（専門）企業

	1994.3		2024.3	
	売上高	営業利益	売上高	営業利益
村田製作所	2,792億円	467億円	1兆6,402億円	2,154億円
東京エレクトロン	1,897億円	98億円	1兆8,305億円	4,563億円

注：村田製作所の2024年3月期には二次電池事業の減損損失495億円が計上されている。
出所：公表資料より筆者作成

置では東京エレクトロンと、情報システムではＩＢＭと、といった具合です。これはなかなか大変です。

それらのなかで電子部品産業と機械産業をみてみましょう。

総合電機企業やＡＶ機器企業の多くは社内もしくはグループ企業に電子部品事業、機械事業を持っていました（／持っています）。例えば、電子部品では、日立エーアイシー、東芝ホクト電子、昭和オプトロニクス（ＮＥＣグループ）、ＦＤＫ（富士通グループ）、パイオニア・マイクロ・テクノロジーなど。機械では、国際電気（日立製作所グループ）、東芝機械、安藤電気（ＮＥＣグループ）、ソニーの電子部品実装機械事業、パイオニアＦＡなどなど。すべて挙げたら100社・事業に届くかもしれません。

しかし、いまやどうでしょう。これらグループ企業の多くが存在感を失う一方で（電子部品ではパナソニック インダストリー、装置では日立ハイテクなど順調に拡大している企業ももちろんあるものの）、部品では村田製作所が世界最強の電子部品企業となり、装置では東京エレクトロンが世界有数の半導体製造装置企業となりました。直近2024年3月期の営業利益でみると、村田製作所2154億円（一時的な減損損失を除くと約2650億円）、東京エレクトロン4563億円となっています。

重要なことは「そこで一流になれるか」

産業界では、成長事業というだけで参入する事例も散見されますが、本当に重要なのはその事業がニッチであるかどうかなのです。極端にいえば、成長事業かどうかは「運」です。**内部（自社が輝けるか）は外部（産業・事業が魅力的かどうか）に先立つ**のです。

ほとんどの人は、調律師よりピアニストになりたいと思うものです。しかし、誰でもなれるわけではありません。個人にせよ組織にせよ、やはり「向き」「不向き」はあります。サッカーをやらせたら一流の人が、ボクシングで成功するとは限りません。その逆もしかりです。組織でも同じでしょう。その事業において一流になれるかどうか、すなわち、その事業がニッチであるかどうかの見極めができるか否かは、名経営者の条件のひとつのように思います。

もちろん、売れなくても貧しくてもピアニストとして生きるという人生も立派な〝美学〟です。ただ、これは個人だから許されることであり、**他人の人生を預かる企業経営においては〝美学〟に基づく判断は避けるべき**と感じています。

ソニー創業者の盛田氏は「会社の名前が売れてきたからといって、あれにもこれにも手を出していくのは、ちょうどオリンピック選手が、何かで優勝して得意になって、他の種目に出場してみるのと同じで、勝てるはずがない。その会社は、たちまちつぶれることになるだろう」と書いています（『新実力主義』フィールドアーカイヴ、2022年）。

よくいわれることですが、何でもできるは何もできないに等しく、何かを得るには何かを捨てなくてはいけないのです。

大谷選手の二刀流について

筆者は、拙著（『電子部品　営業利益率20％のビジネスモデル』）において、ちょうど米国の球団に移籍する前の大谷翔平選手に触れました。

高度化・細分化・平坦化した世界においてすべての分野で1位になることは難しいとの主張のなかで、「どちらかに集中すべきではないか」と書いたところ、「間違ったね」とのご意見を頂戴しました（くれぐれも誤解なきよう……感想、意見を頂けるのは誠に嬉しいことです）。

とはいえ、大谷選手のケースは、まずそもそも一般化できるものではないでしょう。大谷選手の活躍をみて「二刀流を目指す」と言った別の選手に関する記事もみかけますが、二刀流で成功したのは、ベーブ・ルース選手以来、すなわち100年に1度のこと。ご自身が100年に1度の才能の持ち主だと思わない限り、やめたほうがよいと思います。

また、大谷選手がどちらかに特化していたらどうだったか？　もちろん誰にもわかりませんが、打者として1試合4打席連続本塁打（王貞治氏）、投手として9連続奪三振（江夏豊氏）を超える奇跡を実現したかもしれません。奪三振記録については、大谷選手より先にロッテの佐々木朗希投手が13連続奪三振という超人的な新記録を打ち立てました。

つまり、大谷選手も「何かを捨てないと何もとれない」を実行したのですが、慧眼といえるのは、仮に一方のみで歴史的快挙を達成していても二刀流ほどは話題にならなかった可能性があるということです。事実、大谷選手は怪我をしてしまった結果、2024年は打者に専念し54本のホームランを記録しましたが、もし最初から打者に専念していたとすれば、その54本はヤンキースのジャッジ選手と同水準であり、いまほど話題にならなかったでしょう。

すなわち、大谷選手は、どちらかでの1位を捨てて両方でのトップ1%を実現した、つまり「正しく捨てた」のです。

企業は人よりは拡張性があることは事実

以上のことは、組織にもあてはまるものもあれば、そうではないものもあります。すなわち、企業経営で考えるべきは、エンゼルス、ドジャースというチームのことであり、大谷選手ではありません。

野球のチームは、高打率を残す打者、長距離砲といわれる打者、速球派の投手、巧みに変化球を操る投手、足の速い選手……さまざまな選手を抱えることができます。どこで強みを発揮するか、自由度は個人よりもはるかに高いでしょう。

例えば、信越化学工業は、(極端ないい方をすると) 価格がすべてに優先する汎用品である「塩ビ」、技術がすべてである最先端半導体集積回路製造用の「感光材」、その中間的な「シリコーン」。これら全く特性の異なる事業において、それぞれに高い競争力を誇ります。あるいは、京セラ（の稲盛氏）は、祖業とは全く関係のない通信企業（現ＫＤＤＩ）の創業者でもあります。

とはいえ、大谷選手同様に、これらの特異例を汎用化することは危険でしょう。これらの企業はまず何かしらで圧倒的優位を確立した後に、（その圧倒的優位を確立する過程において獲得した）組織能力を展開しているわけですから。

5　建設的天邪鬼であってほしい
——経営とは「差異化すること」であるはず

不毛な同質競争

かつて「牛丼戦争」なるものがありました。15年ほど前でしょうか。Ａ社が期間限定290円キャンペーンを始めると、２週間後にＢ社が期間限定２８０円！　さらにその２週間後にはＣ社が２７０円に！　限定期間が終わると元の値段に戻るのですが、また半年ぐらいたつと、今度はＢ社が２９０円！　その２週間後にＣ社が２８０円！　そのまた２週間後にＡ社が２７０円！　価格、期間などは正確ではありませんが、お互いに傷つけ合う不毛な競争にみえました。

ここで原点に立ち返ってみます。利益とは何でしょうか。筆者は、**利益とは「他と違うことに対して支払われる対価」**と考えます。自由競争下で同質競争であれば、利益はゼロに収斂するでしょう。企業活動とはすなわち「差異化」ですから、経営判断においては、他社を模倣するのではなく、（第2章で紹介した疋田氏のような）建設的天邪鬼思考が必須だと思います。

ソニーの盛田氏は「私は憎まれ口をたたくことがある。コンセンサスばかり強調する役員は、社員のアイデアを統合する才能が自分にはないと言っているに等しい」と書いています（『MADE IN JAPAN―わが体験的国際戦略』朝日新聞出版、1990年）。

完全後発のサムスン電子はなぜ世界有数の半導体企業になったのか？

例えば、投資について考えてみましょう。通常、投資が増加・活発化するのは好況期ですが、天邪鬼経営者は不景気のときに投資します。好況期の投資は皆がやりたがるわけですから、金利は高いし、設備の価格も高いし、人の採用も大変です。皆がそろって投資をすれば供給過多になる可能性も濃厚です。

一方、天邪鬼経営者は、不況期に低金利で低価格の設備を購入し、次の好況期にその果実を得るのです。世界の半導体産業でサムスン電子が飛躍したひとつの要因が、[12]こうした巧みな投資にあったといわれています（例えば『なぜ「三つの逆転」は起こったか』伊丹敬之・伊丹研究室編著、NTT出版）。半導体産業は一般に「シリコンサイクル」と呼ばれる需要変動の激しさで知られますが、サムスン電子は、日本企業が投資をしない不況期にも投資を継続し、次の需要期に占有率を上げることを繰り返したのです。人の逆を行くことの効能のわかりやすい事例です。

第2章で紹介したように、資金的には圧倒的に不利であったロームが半導体産業で成功した一因が、やはり不況期の過ごし方でした。また、信越化学工業の圧倒的な競争力も「他社と違う思考」が大きな要因のひとつです。例えば、（他社が好調が続くと思っている）好況期に長期契約を締結してしまうことで不況期の落ち込みを軽微にする……といったことです。

「非線形」の製品開発

同業他社を大きく上回る利益率を維持し続け、優れた経営が行われているとして著名な企業の技術者に教えていただいた言葉で印象的だったのは、「皆が共有している『線形の』技術ロードマップでは差異化はできない」というものでした。

「なるほど！」と、私は膝を打ちました。多くの産業において、全体で方向性が共有された技術ロードマップがあります。その産業に属している企業のすべてが同じ目標に向かって産業として努力します。これは効率的なシステムといえますし、全体が黙々と技術開発に取り組むのは〝修行僧〟のような美しさもあります。職人の世界といってもよいでしょう。

象徴的な事例はテレビです。大画面、画素数、低消費電力……その時々で訴えるポイントは変わってきましたが、結局は同じ土俵での競争だったといえそうです。もちろん、開発の現場では差異化を必死に追求していたことは間違いないでしょうが、家電量販店に並べられている多くのテレビのメーカー名を隠し、その画面だけを見比べたとしたら、どのブランドかわかる消費者は滅多にいないでしょうし、もしかしたらプロであるメーカー関係者ですらわからないかもしれません。

プロでも区別がつかないような製品であれば、価格で競争するしかないというのは当然のことでしょう。「共有されている」「線形な」技術開発では、差異化は容易でないことがわかります。同一の土俵での限定的差異化競争になってしまい、最終的には価格競争になってしまうということです。同業とは一線を画した非線形の技術開発は、極めて重要なことと思われます。

人生も同じ

そして、「違う」は経営に限ったことではなく、人生そのものかもしれません。地球上には80億もの人がいて、かつ、毎年1億の「新規参入」(出生)があるわけですから、大変な競争です。そのなかで生きていくには「違う」必要があります。

よく指摘されるように、日本の教育では目立つことが必ずしも歓迎されません。なるべく個性的でないことが求められます。大学入学共通テストが象徴的です。数十万人が同時に受ける試験ではマークシート(選択)方式にならざるをえないのですが、これでは本当の意味での才能を選択することは難しいでしょう。

ノーベル賞受賞者の利根川進教授によれば、米国のマサチューセッツ工科大学(MIT)でも「SAT」と呼ばれる適性試験があるのですが、はるかに重要なのは小論文と個人面接だそうです。そして、「この話をすると、日本人からは『それでは主観的になるのでは』と聞かれる」ということですが、その先が面白いのです。「それでいい。MITは主観を大切にしている」のですと（「日本経済新聞」2013年10月31日付朝刊）。客観的な選択とは、言い換えれば標準・常識に基づく選択にほかなりませんから、尖った人が排除されてしまうことになります。

6 真に優れた経営者は、問題解決でなく、問題を起こさせない

本当に偉大な経営者とは？

筆者は、リーダーは以下のタイプに分類できると思います。

1 問題が起きても対処できないリーダー
2 問題が起きると解決できるリーダー
3 問題が起きないように未然に防ぐリーダー

1のタイプは論外ですね（笑）。とはいえ少なからず存在していそうです。ひたすら問題を隠そうとしたアイドル事務所、医療現場からの報告がありながら2か月間放置した製薬企業、古くは自社製品による食中毒事件を起こしながら「俺だって寝てないんだぞ！」と発言した食品企業社長などなど。

2のリーダーが評価されるのも当然です。

しかし、より理想的なのは3のタイプのリーダーです。

例えば、新型コロナウイルス感染症の事例を考えてみます。新型コロナが世界各地で発生したときに、各国政治家の優劣が明らかになったように思います。しかし……本当に偉大なリーダーとは、新型コロナのパンデミックを起こさせなかった人なのです。

中国・武漢で最初に患者が報告されたときに、その患者を瞬時にかつ完全に隔離した指導者がいたとすれば、700万人（新型コロナによる死亡者数。ただし違った推計もあります）の命を救った英雄ということになります。ただし、この場合は、そもそもウイルス問題を世界が認識することなく、その優れた指導者の存在すら認識されません。

さらに望ましいのは、ウイルスを発生させない仕組み、発生したときに迅速に対処する仕組みを事前に作ることでした。

米国のオバマ元大統領は2014年12月の演説で、「感染症の脅威は過去のものではない。今後も十分起こりうる。感染症に対応できるインフラを構築する必要がある。素早く認識し、素早く隔離し、素早く対応する仕組みだ。これは民主党・共和党を超えた国家の問題である、国民の命にかかわる問題である。米国がこの問題にどのように対処できるのか率先して世界に示すべきだ」と述べていますが（YouTubeでみられます）、残念ながら誰も脅威とは思わず、そして大統領も実行できませんでした。後にみれば、この演説は700万人の生命がかかった演説であったのですが、誰も事の重要性を理解できなかったのです。

問題を起こさせない決断は、簡単なことではありません。誰も問題と思っていないときに、そのリーダーひとりが問題だと思っているのですから。新型コロナのパンデミックでは、問題がそれなりに深刻だぞとの認識が広がっていた2020年3月初旬になってさえ、安倍晋三総理大臣（当時）が韓国からの入国を制限したとき、韓国はもちろん日本国内からも強い非難を浴びました。しかも、その後感染が拡大すると、今度は入国制限が甘すぎると非難されたのです。**問題を未然に防ぐ（もしくは一般に認識されないほどの初期に解決する）指導者こそ偉大**であり、我々はそのような評価眼を持たなくてはいけないと感じます。

京セラの稲盛氏の本にも大変興味深いことが書いてありました（『経営―稲森和夫、原点を語る』ダイヤモンド社）。経理担当者の不正についての解釈です。正しくあること、誠実であることを第一に考える稲盛氏ですから、私はてっきり「弱い心がそのようなことをさせてしまう」といった訓話になるかと思い読み進めたところ、稲盛氏の判断は全く逆でした。その趣旨を簡単に紹介すると、以下のようなものでした。

「（不正が起こるのは）会社が悪い。会社が不正を起こさせないための十分な仕組みを構築しないことで、社員の一生を駄目にしてしまうことが起こりうる。これは、人への不信、性悪説によるものではなく、そういった不幸が起きないようにすることが愛なのだ」

社員が数千人、数万人、数十万人の企業で、目立った不祥事が何年も何十年もない企業、また長期にわたり赤字や人員削減などが一度もない企業は、社員を守る仕組み（稲盛氏の言う「愛」）が行き渡っている証左であり、尊敬に値すると感じます。

7 暖簾を確立してほしい
――驚きの哲学経営者

「暖簾」の重要性

いわゆるBtoB産業では暖簾はさほど重要とはいわれませんが、それは大きな誤解であると筆者は考えています。ドラッカーは「事業とは顧客の創出」と喝破しましたが、それに倣って筆者は「（産業平均を上回る）利益とは暖簾の確立」と考えています。単なる「業者」として認識されていればコスト程度の対価しか払われないでしょうが、暖簾が確立されファンがつけば、コスト以上の価格を払ってもらうことができるでしょう。

すなわち、**顧客の創造は事業の必要条件、暖簾の確立は利益の必要条件**といえます。

つまるところ、企業は暖簾を確立するために日々活動しているといってもいいすぎではないでしょう。取引したいと思ってもらえる企業、「高くてもしかたない」と思ってもらえる企業、憧れの対象となる企業になることは、事業形態に関係のない、経営の基本と考えます。端的にいえばファンを増やすということです。

ネットの世界では「投げ銭」（ネット動画を視聴するファンが寄付をする）が話題です。1時間で数百万円を獲得する配信者もいるといいます。喜んで投げ銭をしてもらえる存在かどうかは重要です。

ファッションブランドによる「暖簾」確立のための驚きの努力

そこで、皆が憧れる企業の代表は？と考えてみると、ファッションブランド企業が思い浮かびました。筆者には縁遠かった企業に関する本を読み、各社の資料を確認してみました。まず驚かされたのはその業績です。**図表33**に示すように、モエ・ヘネシー・ルイ・ヴィトン（LVMH）、ケリング、エルメス3社の純利益は順に、152億ユーロ、30億ユーロ、43億ユーロです。LVMHは、ルイ・ヴィトン、クリスチャン・ディオール、ティファニー、ケンゾーなどを、ケリングはグッチ、サンローラン、ブシュロンなどを傘下に持つ複合企業です。

ハイテク産業において、優秀な技術者が研究・開発し、生産設備に巨額投資をし、最先端製品を販売しても、兆円単位の純利益、売上高に占める純利益の比率20％をあげることは簡単ではありません。

このところ話題の半導体業界ですが、ASML（オランダ）の最先端半導体製造装置は1台で200億円とも300億円ともいわれる、人類史上最も高価な機械で、世界で製造できるのはASML1社だけです。[13]

図表33：ファッションブランド企業の2023年12月期業績

LVMH	売上高862億ユーロ	純利益152億ユーロ
ケリング	売上高196億ユーロ	純利益 30億ユーロ
エルメス	売上高134億ユーロ	純利益 43億ユーロ

出所：公表資料より筆者作成

一方、エルメスのバッグ、グッチの服。同じものを作ろうと思えば、他の企業でも作れるかもしれません。しかし、エルメスやグッチと同水準の利益を達成することはまずできないでしょう。ブランドの力を改めて思い知らされるはずです。ただし、申し上げるまでもなく、これらの企業は、そのブランド力を維持するために並々ならぬ努力をしています。

例えばルイ・ヴィトンでは、セカンドブランド、入門ブランド、ライセンス販売、生産委託は禁止。150年間、値引き販売をしたことがありません。その結果、ルイ・ヴィトン製品には貨幣ともいえるほどの信頼があります。さらに、充実した修理・補修機能を提供しています（最近になって変化がみられましたが、顧客に修理をさせないIT企業とは対照的です）。

グッチは、「フィレンツェ発祥の豊かな伝統に根差したMade in Italy」であり、イタリア以外では製造しません。そして、企業を小規模な家族経営の集合体として位置づけ、革職人はそれら家族のひとりとして処遇されるため、職人にとってグッチは最高の職場として認知されているようです。

「150年間値引きをしたことがない」「イタリアでしか作らない」「関係者は家族」……とてもかっこいいです。このような簡単には模倣できないことを、信念を持って長期にわたり続けることが「ブランド」を確立するのだと思います。

以上の記述は、ラグジュアリー産業の研究で知られる長沢伸也氏の著作を10冊ほど読み、参照しました。大変勉強になりました。

ただ、2024年に入り、グッチを展開する高級品コングロマリットのケリングが穏やかでない様子です。旗艦ブランドであるグッチが、アウトレットなどで安売りされているというのです。「日本経済新聞」（2024年6月20日付朝刊）によれば、グッチは日本だけでも6店のアウトレットがあるそうです。その結果、ケリングの時価総額はエルメスの6分の1にまで減少しました（記事配信時点）。その背景に中国の経済低迷により在庫が急増してしまったこともあるのでしょうが、前述の企業哲学とは少々違う行動のようにみえます。

なお、本論から脱線しますが、ブランドは環境保全にもつながりうると思います。日本の服の出荷点数は過去20～30年で2倍になり年30億着になったのですが、出荷金額はほとんど同じだといいます。すなわち単価は半分になりました。生産性が改善したともいえますが、同時に深刻な事態になっています。というのも、その30億着のうちなんと半分は廃棄されているというのです。SDGsやESGなど〝軽い〟言葉がはやりですが、実態はかけ離れているように思います。「高いけれどよい」ものを長く使う。それこそが地球を思う行動ではないかと考える次第です。

驚きの哲学経営者――ウェブサイトの1ページ目はイマヌエル・カント

筆者がLVMH、グッチ、エルメスよりも驚愕したイタリア企業を紹介します。高級服飾メーカーのブルネロ・クチネリ社です。創業者ブルネロ・クチネリ氏による著書『人間主義的経営』（クロスメディア・パブリッシング）を読んで、びっくりしました。経営者の書籍ですから経営の勉強をしようと思って読み始めたのに、経営のことなど何も書いてないのです。そのほとんどは思想に割かれています。同社のウェブサイトをぜひ訪れてみてください。冒頭のページはなんとイマヌエル・カント、そう哲学者のカントです。ウェブサイトの冒頭がカントという企業が他にあるでしょうか。

クチネリ氏は経営者というより、哲学者です。驚いた私は、この本を10冊購入し、同社の店舗に出かけ、ブルネロクチネリジャパンにもお邪魔をする機会を頂戴しました。

クチネリ社は1978年、経営理念「倫理、尊厳、道徳と一体化した利益を生み出すこと、利益と贈与の均衡に実態を与えること」を掲げ、「高度な手仕事と職人技に支えられたイタリアらしい服、最高級の市場セグメントに的を絞り、高価ではあるが価格以上の価値を持つ製品を作る」ことを目標に、色鮮やかなカシミヤセーターを作る企業として創業されました。クチネリ氏が25歳のときです。順調に事業は拡大し、2012年に（悩みぬいた末に）ミラノ証券取引所に上場しました。

クチネリ社には「非財務統合報告書」があり、そこで哲学について語られています。そのなかの「非財務計算書」も新鮮でした。通常の損益計算書は、例えば、金属にいくら、樹脂にいくら、機械の償却にいくら、家賃にいくら、人件費にいくら……と「費用」の観点で作成されていますが、クチネリ社の非財務計算書は、素材を作ってくれた人、加工してくれた人、地域社会の人々など関係する皆で、生み出した価値を共有する観点で作成されています。

クチネリ氏は2019年5月、アマゾン、ツイッター(当時)、セールスフォースの創業者など十数名をイタリアに招き議論したと報じられています。世界の名だたる経営者たちがイタリアの小さな村を訪問する。それだけ価値のある時間だったということでしょう。

クチネリ社の服は驚くほど高価です。同社のウェブサイトに記載されているカシミヤのセーターは30万～100万円といった価格帯です。しかし、顧客は同社の哲学に賛同し喜んでこの対価を支払うのでしょう。まさに「暖簾」です。

日本の哲学者経営者——誰かが犠牲になった利益は利益ではない

クチネリ氏の著書『人間主義的経営』を読んで思い出した日本企業は、伊那食品工業とKOAです。偶然ですが、ともに本社所在地は長野県伊那市もしくは上伊那郡です。

かんてん食品で知られる伊那食品工業の中興の祖、塚越寛氏は48期連続増益という実績を残しておられますが、それは結果であり、重要なのはそれを実現した哲学です。

「年輪経営」を掲げる塚越氏の言葉は1つひとつ心にしみます。数多くの金言からいつくか紹介します（詳しくは同氏の著作『新訂　いい会社をつくりましょう』〈サンクチュアリ出版、２０１２年〉、『年輪経営――一度きりの人生を幸せに生きるために』〈日経BP、２０１８年〉等）。

「企業の目的は、木の年輪のように着実に発展すること、永続することである。」

「誰かが犠牲になった利益は利益ではない。」

「利益は『うんち』である。健康な経営をしていれば自然に出る。うんちを目的に生きている人はいない。」

もう1社のＫＯＡは電子部品企業です。創業者の向山一人氏は、日本経済の発展から取り残されかねない伊那谷の農村を復興させるためにＫＯＡを興しました。

資本主義のテーゼ「拡大・無限・征服・利便性」に対し、ＫＯＡは「循環・有限・調和・豊かさ」を提唱し続けてきました（同社のウェブサイトにある「創業者生誕１００周年」より）。

ＥＳＧは同社にとっては当然のことなのです。豊かな自然に抱かれた同社の本社では、仔馬が歩き、屋内には暖炉があります。

物語を掲げ、ファンを創造する

さて、前述のように、事業は「顧客を創造」することで成立しますが、利益をあげるためには「ファンを創造」しなくてはならないといえます。

そして、ファンを創造するためには、物語が必要なのです。奇しくも、先に挙げたクチネリ氏の本は楠木建氏の推薦。楠木氏の著作『ストーリーとしての競争戦略─優れた戦略の条件』（東洋経済新報社）は、強い企業には「話として面白い物語＝戦略」があるという内容ですが、優れた企業には「人を惹きつける物語＝哲学」があるのです。哲学にファンが集い、やがて暖簾となり、（結果的に）競争力、超過利潤となるということです。

この節でも最後にソニーの盛田氏の主張を紹介します。ある企業がチョコレートに「ソニー」の名前をつけて販売したのです。盛田氏は「商標は企業の生命であり、万難を排して守るべきものだ」と激怒。不正競争防止法に基づき使用禁止の仮処分を申請し、4年の裁判を経てソニーの勝利に終わりました。

8　ギャフンと言わせてほしい
──下馬評を覆す大逆転

劣後していると一般に認識され、忸怩たる思いを抱えている企業におかれては、ぜひ、大逆転していただきたいと思います。世間をギャフンと言わせる、これほど痛快なことはないでしょう。経営者としては後世に名を残す機会ともいえます。ここでは3つの大逆転事例を紹介します。

AMDの大逆転――23億ドルの赤字から13億ドル（1900億円）の黒字へ

アドバンスト・マイクロ・デバイセズ（AMD）は米国の半導体企業で、インテル社製品（CPUと呼ばれるコンピュータの核となる部品）の互換製品メーカーの1社として著名でした。[14] 顧客であるパソコン企業は、インテルによる寡占をもちろん歓迎せず、互換製品企業を（インテルに嫌われない程度に）支援していましたが、それらは次々と陥落、AMDも苦しい戦いを強いられるようになりました。それも無理のないことです。第1章で述べたように、インテルは1990年代、ハイテク産業のみならず世界最強の企業といっても過言ではないほどでした。AMDは破綻の際に追い詰められたといってよく、当時、「AMDがインテルを逆転する」などと言ったら笑われたでしょう。2007年の両社の業績を比較してみましょう。

図表35（200頁）にあるように、営業損益はなんと100億ドル以上の差です。CPUの占有率でみれば、インテル80%超、AMD20%未満といったところ、特に高収益の高機能領域ではインテルが実質的に独占していました。これらの数字をみて、AMDがインテルに追いつくと予想できた人はいないでしょう。

さて、**図表35**の下側は直近2期の両社の業績です。2023年12月期は、両社ともにパソコンのコロナ特需の反動を受けたと思われます。まだまだ規模ではインテルが圧倒的ですが、CPU以外の事業（半導体受託生産）でも苦戦するインテルと、攻勢を続けるAMDでは、AMDのほうが元気にみえます。それを反映してか、時価総額は、インテルの約1000億ド

図表34：下馬評を覆した企業——世間をギャフンと言わせたら愉快

事例企業	テーマ	Before	After	業種
① AMD	ニッチ工程への集中 外部の活用	▲23億ドル （営業利益）	13億ドル （営業利益）	半導体
② ASML	明日は捨て明後日 外部の活用	▲6億ユーロ （営業利益）	90億ユーロ （営業利益）	半導体 製造装置
③ スイスの産業	量産品→嗜好品	単価7,000円 生産額0.4兆円	単価60万円 生産額4兆円	時計

出所：筆者作成

ルに対し、ＡＭＤは約２２００億ドルとなっています（２０２４年11月末現在）。

ＡＭＤは何をしたのでしょうか。同社は、巨額の資金が必要な製造部門を切り離し、オイルマネー（アブダビ首長国の投資機関ＡＴＩＣ）からの出資を受けてグローバルファウンドリーズ（ＡＭＤ34・２％、ＡＴＩＣ65・８％の合弁）を設立。ＡＭＤ自身は設計に特化したのです。事業領域はＣＰＵで変わりませんが、工程面での「ニッチ」を特定し、それ以外の工程に関しては外部を利用したことが復活の要因といえます。

ちなみに、グローバルファウンドリーズは、その後、２０１０年にチャータード・セミコンダクターと統合、２０１４年にＩＢＭの半導体事業を買収し、直近期（２０２３年12月期）業績は、売上高74億ドル、営業利益11億ドルとなっています。広く捉えれば、ＡＭＤとグローバルファウンドリーズの合計が旧ＡＭＤともいえ、インテルとの差はさらに縮まります。

図表35：インテルとAMDの業績

■15年前（2007年12月期）

インテル	売上高383億ドル	営業利益85億ドル
AMD	売上高58億ドル	営業利益▲23億ドル

■直近（2022年12月期、2023年12月期）

（2022年12月期）

インテル	売上高630億ドル	営業利益23億ドル
AMD	売上高236億ドル	営業利益13億ドル

（2023年12月期）

インテル	売上高542億ドル	営業利益0.1億ドル
AMD	売上高227億ドル	営業利益4億ドル

出所：公表資料より筆者作成。▲は赤字。

図表36：半導体企業ランキング

順位	企業	国・地域	売上高（百万ドル）
1	TSMC	台湾	69,276
2	インテル	米国	51,505
3	サムスン電子	韓国	50,904
4	エヌビディア	米国	49,618
5	クアルコム	米国	30,913
6	ブロードコム	米国	29,950
7	SKハイニックス	韓国	25,006
8	AMD	米国	22,680
9	インフィニオン	欧州	17,364
10	STマイクロエレクトロニクス	欧州	17,239

出所：TechInsights

ＡＳＭＬの大逆転――６億ユーロの赤字から90億ユーロ（１・４兆円）の黒字へ

先に紹介したＡＳＭＬの装置は１台２００億円とも３００億円ともいわれ、人類史上最も高価な機械といってよいでしょう。直近の業績は、売上高２７６億ユーロ、営業利益90億ユーロ。半導体製造装置企業としては、さまざまな種類の装置を手掛ける３大企業――アプライドマテリアルズ、ラムリサーチ、東京エレクトロン――がいますが、ＡＳＭＬは実質的に単一製品（露光装置）で、半導体製造装置産業で世界１位の企業なのです。究極のニッチ企業といえます。

露光装置とは、半導体ウエハーに回路を描くための装置です。精密な半導体（正確には半導体集積回路）を作るにはまずは回路を描かないと始まりませんので、最も重要な機械といってもよいでしょう。

かつて露光装置の覇者はニコンでした。露光装置に必要な技術はもちろん複合的なものですが、特に重要な技術（レンズ、精密かつ高速な制御技術等）の多くを社内に保有していたため、露光装置では他社の追随を許さなかったのです[15]。

そのときＡＳＭＬはどうしたか。キーワードは「明日は捨て明後日に勝つ」と「１人では勝てなくてもチームで勝つ」の２つでした。

まず「**明後日に勝つ**」。半導体は１・５年から２年に１度のペースで世代交代が行われます。いわゆるムーアの法則です[16]。ＡＳＭＬは技術の断層を探したのでしょう。延長線上では勝つこ

図表37：半導体製造装置企業ランキング

順位	企業名	国・地域	売上高（百万ドル）
1	ASML	欧州	29,014
2	アプライドマテリアルズ	米国	25,271
3	ラムリサーチ	米国	14,317
4	東京エレクトロン	日本	12,454
5	KLA	米国	9,640
6	アドバンテスト	日本	2,899
7	ASMインターナショナル	欧州	2,849
8	SCREENホールディングス	日本	2,763
9	テラダイン	米国	1,819
10	NAURA	中国	1,810

出所：TechInsights

とは難しい、と。そしてそれが、既存技術よりもはるかに短い波長の光源（EUVと呼ばれています）への移行でした。[17] 明日（5年間）はあきらめ、明後日（10年後）に逆転することを企図したのだと推定されます。「技術断層」を利用した待ち伏せは、挑戦者の定石ともいえます。小さな企業であったニデックがHDDモーターで世界1位になったのも、技術断層を利用したものです。

もうひとつの「**チームで勝つ**」。300億円という価格からも想像されるように多くの技術が投入されているのですが、なかでもレンズと光源は重要です。レンズに関しては、デジタルカメラなどのレンズでも著名なドイツのレンズの雄・カールツアイスと提携しました。光源では、ASMLは米国のサイマーを買収しました（19・5億ユーロ、当時の為替で2000億円）。もちろん、ASML自身も高い要素技術を持つのですが、同時に、世界中の優れた技術の〝演出家〟〝まとめ役〟となったと捉えることもできます。ニコンは多くの技術を社内に持っていることが強みであったのですが、技術が高度化するなかで、ASMLに軍配が上がったといえます。

スイスの時計産業の大逆転――28億スイスフランから250億スイスフラン（4兆円）へ

人類初の人工時計のアイデアが閃いたのはガリレオといわれています（それまでは、太陽などの自然現象を利用した自然時計）。史実ではないといわれますが、ガリレオが教会で鐘の振動をみているときに、振動幅が違っても1回の振動にかかる時間は同じであること、すなわち振り子の等時性、振り子が時間の計測に使えることに気づいたのです。この等時性を利用して時計として初めて実用化したのはホイヘンスといわれています。

そして、機械式時計をいかに精密に作るかの技術競争が始まりました。振り子もしくはそれに相当する機能をいかに精密に設計・製造するかの競争です。定義すらできない「時」を機械で測る……。神秘的ですし、その技術革新は大変興味深いものです[18]。この機械式時計の時代、覇者はスイスでした。

しかし、機械式時計は精度において限界があることは明らかです。そこで、次に登場したのが、日本企業が世界を席巻することになる水晶時計です。

時間を測るためには、「規則正しい振動」と「その振動回数の計測」が必要です。水晶は宝飾品として知られますが、物理的にも興味深い特性を持っています。水晶は「圧電体」で、電圧を加えると振動するのです[19]。その振動数は3万2768ヘルツ、すなわち1秒間に3万2768回振動します。つまり、1秒を3万2768分の1の精度で測れるということになります。機械式と比較すると圧倒的に簡素な構造で圧倒的に正確な時計を作ることができるた

図表38：スイスの時計産業（輸出数量、単価、金額）——窮地からの大逆転

	1980	1990	2000	2010	2020	2023
数量（百万個）	47.1	41.6	29.7	26.1	13.8	16.9
（うち機械式）	37.4	4.0	2.5	4.9	5.5	6.3
単価（スイスフラン）	59	143	313	580	1,171	1,508
（うち機械式）	51	624	1,783	2,212	2,534	3,502
金額（百万スイスフラン）	2,790	5,936	9,276	15,154	16,139	25,528
（うち機械式）	1,908	2,464	4,414	10,925	13,892	22,013

出所：スイス時計産業協会

図表39：時計の輸出単価の国際比較（2023年）

国・地域	（米ドル）
中国	4
香港	50
ドイツ	131
米国	147
スイス	1,679

出所：スイス時計産業協会

め、瞬く間に機械式から電子式への移行が進みました。

話はそれますが、水晶は時計の部品としてだけではなく、電子機器にはほぼ間違いなく使われています。水晶を使った電子部品産業においては、日本電波工業、京セラ、リバーエレテックなど日本企業が世界シェアの半分を占めています。

閑話休題。日本企業が水晶時計を開発・発売すると、性能は優れ価格は安いために、機械式時計への需要は激減し、スイスの時計産業は壊滅的な打撃を受けました。日本の時計輸出額はスイスのそれを1970年代に逆転しています。

しかし、2023年において、スイ

スの時計輸出金額は255億スイスフラン（4・0兆〜4・5兆円）に達し、同国の主力産業になっています。単価をみると、全体で1508スイスフラン、うち機械式だけでは3502スイスフラン（おおよそ60万円）。また、時計の生産国別単価をドルベースで比べると（**図表39**）、スイスの単価1700ドル弱は他国を圧倒しています。

同国の主要時計企業であるスウォッチグループの直近期業績は、売上高79億スイスフラン（1・3兆円程度）、営業利益12億スイスフラン（2000億円程度）。最も成功している時計企業、もしくはブランド企業といえるでしょう。

コスト的に優位にある新興国の挑戦を受けたときに、低廉品を捨て高付加価値品に特化することは先進国企業の理想のひとつです（日本は〝安い国〟になりつつありますが）。

日本にも大逆転の事例はあります。ヤマト運輸（小倉昌男氏による商業運輸から個人運輸へ）、アサヒビール（新製品アサヒスーパードライ、物流改革等）、コマツ（ダントツ製品の開発等）などなど。現在、劣勢にある企業を任された経営者は、それを前向きに捉えることができれば、大逆転劇を実現し、世間を驚かせ歴史に名を刻むことができるかもしれません。

9 自社を客観視してほしい
――最適な経営者は必ずしも自分ではない

事業の失敗は恥ずかしいことでも何でもない

参入しているすべての事業、製品で成功し続けられる企業など皆無でしょう。社会の変化など事前の想定とは違うことは当然起こるはずです。であるのに、事業撤退や譲渡を恥ずかしいと思う風潮があるように思います。もちろん、その内容次第ですが、事業のような難しいことが100%うまくいくはずはなく、事業撤退や譲渡は当然ありうること、さらにいえば、新陳代謝という観点において事業の見直しが何もないのはおかしいとさえいえるかもしれません。偉大な先人たちは、どのように考えていたのでしょうか。

【松下幸之助氏】

「一つも間違いない、思ったことは全部実現できたというのは、ちょっと良すぎます。三回に一回は『うまくいかんな』ということがあって、ちょうどいいんじゃないですか。『うまくいかんな』と思ったときは、それに未練を持つべきじゃありませんね。**負け戦は、いくらやっても負ける。**」（『起業家の本質―ピンチをチャンスに変える5つの能力』プレジデント社）

【ピーター・ドラッカー氏】

「もし、その事業をやっていないとすれば、新規に参入したいと思う事業かどうか？」（エリザベス・H・イーダスハイム『P・F・ドラッカー―理想企業を求めて』）

「（自社よりも）他社にとってのほうがより価値がないのか」（『創造する経営者』ダイヤモンド社）

また、第2章で取り上げたキーエンスの創業者・滝崎武光氏は、創業から10年経ったころ、売上高の10～20％を占め、営業利益率も20％ほどあった機械事業を譲渡しています。センサー事業に集中すべきだ、との判断です。まだ会社もさほど大きくないのに高利益率事業を譲渡する、まさに経営者にしかできない判断でした。譲渡された企業は喜んだことでしょう。

誰が経営したら一番幸せか？

坂根正弘氏がコマツの社長に就任した直後の2002年3月期の業績は、売上高1兆円超ながら、806億円の最終赤字でした。赤字の理由のひとつは多角化事業で、同氏の著書によれば、子会社の不採算事業は年間400億円の赤字！であったそうです（『ダントツ経営：コマツが目指す「日本国籍グローバル企業」』日本経済新聞出版）。存亡の危機に際し坂根氏は以下を実行しました。

□300社あった子会社を110社に削減

□主にグループ企業向け事業を担う企業は外部の専門家に譲渡
（例：コマツソフトをソフトウエア企業TISに譲渡）
□自社が必ずしも専門企業といえない事業については、それを専門とする企業に任せるべきと判断
（例：半導体関連のコマツ電子金属をSUMCOへ譲渡）

譲り渡す側にせよ譲り受ける側にせよ、「誰がその事業を最も成功させられるか」に尽きると書いています。よくいわれる、「誰がその事業の最高の経営者なのか」の視点です。その事業を最も成功させ、関係者（社員、供給業者、顧客、社会）を幸せにできるのはどの企業かを、経営者は考える必要があるのです。

新しい株主になり飛躍した事例を2つ、独立して大成功した事例を1つ挙げます。これらの企業の経営者、社員は、株主が変わるとき・独立するときは不安でいっぱいであったろうと思います。その不安を乗り越えて成功されたことは尊敬に値すると思います。

【NTKセラテック：営業赤字32億円から営業利益143億円へ】

NTKセラテックは半導体製造装置用の部材のメーカーで、その前身は、太平洋セメントが設立した日本セラテックです。セメント事業で培った技術の展開としてハイテク用セラミックに進出したと思われ、2003年には上場企業となりました。しかし、浮き沈みの激しい半導

体産業のなか、2009年3月期、2010年3月期と2年連続赤字となり、太平洋セメントが100％子会社に戻した後、日本特殊陶業に譲渡しました。日本特殊陶業との相乗効果、また、半導体の好況もあって、2023年3月期は売上高395億円、営業利益143億円、2024年3月期は売上高347億円、営業利益80億円と、飛躍的な発展を遂げています。

【RITAエレクトロニクス：営業利益2億〜3億円から10億円へ】

RITAエレクトロニクスは、もともとはアイカ工業の一事業でした。アイカ工業は建材を主力とする企業で、「メラミン化粧板」（壁などを装飾するための板）で日本1位の占有率を誇ります。2024年3月期で売上高2366億円、営業利益253億円と堂々たる業績をあげています。板に模様を印刷する技術をハイテク産業に展開することで始まったのが、板に電子回路を印刷するプリント配線板事業で、営業利益2億〜3億円の立派な事業に育ちました。新規事業で億円単位の利益を出すのは簡単なことではなく、素晴らしいことです。

しかしながら、餅は餅屋、アイカ工業にとっては経営資源を投入するのであれば電子部品よりも建材のほうがよいとの判断をし、譲渡したと思われます。

現在は、電子機器製造受託企業である対松堂のグループ企業となり、直近2期平均で売上高100億円超、営業利益10億円程度となりました（非上場企業であるため、業績は筆者の推定を含む）。プリント配線板事業は決して容易な産業ではありません。その競争の厳しい産業において営業利益率10％を計上していることは、称賛に値します。

【フリュー：オムロンの社内ベンチャー→独立→上場→営業利益38億円に】

オムロン第三代社長の立石義雄氏が「オムロンは創業時の挑戦者の心を忘れている」として社員に新規事業を促し、多くの新規事業が開始されるなか、そのひとつがプリントシール（プリクラ）事業でした。ただ、なかなか軌道に乗らず同事業からの撤退を決定、オムロンは、同事業等を担当する子会社の株式を社員に譲渡したのです。独立後、事業は急速に発展し上場を果たしました。２０２４年3月期の業績は売上高４２８億円、営業利益38億円。独立したオムロンの元社員はそれぞれ10億円単位のフリュー株式を持つこととなりました。冒険し成功する。素晴らしいことと思います。

他にも、荏原製作所から独立した高機能メッキ薬液のＪＣＵ（２０２４年3月期：売上高２４８億円、営業利益80億円）、大日本インキ（現ＤＩＣ）から独立したスポーツジムのルネサンス（２０２４年3月期：売上高４３６億円、営業利益13億円）、日商岩井（現双日）から独立した非鉄金属関連事業を主力とするアルコニックス（２０２４年3月期：売上高１７４９億円、営業利益55億円）などがあります。

10 産業を俯瞰して「みんな幸せ」を実現してほしい

視野を広く——社内だけでなく社外活用を

経営課題への対処はまずは社内で、が当然ですが、ときに産業を俯瞰してみてはいかがでしょうか。事業の目的はそれに携わる社員、顧客、社会を幸せにすることで、自社だけにこだわる必要はありません。以下に、産業を俯瞰して、関係者が「みんな幸せ」（産業全体が高収益）になった事例を取り上げます。

電子部品にはさまざまなものがありますが、比較的産業規模が大きいのはコンデンサです。コンデンサは電気を蓄えるなどの機能を持ち、電子回路には不可欠な部品で、産業規模は世界で3兆円には届かないといった水準です。

コンデンサは、電気の蓄積方法の違いにより、積層セラミックコンデンサ、導電性高分子コンデンサ、タンタルコンデンサなどに分類することができ、それぞれの主要企業は以下のようになります（他のタイプのコンデンサもありますが、本書には関係ないため割愛します）。

積層セラミック：村田製作所、太陽誘電、ＴＤＫ、京セラ、アジア企業
導電性高分子：パナソニック、日本ケミコン、ニチコン、ルビコン、アジア企業
タンタル：京セラ、台湾ヤゲオグループ（米国のケメット、日本のトーキン）

図表40：コンデンサ関連事業の売上高と利益

【村田製作所の「コンポーネント事業」（売上高の80%程度がコンデンサ）】

2023年3月期	売上高9,244億円	営業利益2,823億円（対売上高31%）
2024年3月期	売上高9,425億円	営業利益2,342億円（対売上高25%）

【トーキンの全社業績（売上高の半分程度がタンタルコンデンサ）】

2022年12月期	売上高642億円	営業利益137億円（対売上高21%）
2023年12月期	売上高478億円	営業利益 63億円（対売上高13%）

出所：公表資料より筆者作成

村田製作所は、パナソニックおよびロームのセラミックコンデンサ事業を引き受けるなど、現在、セラミックコンデンサで世界占有率40%、極めて収益性のよい事業です。

パナソニックは三洋電機を買収することで、導電性高分子コンデンサで圧倒的世界1位となりました。

京セラはニチコンとロームのタンタルコンデンサ事業を譲り受け、ケメットはトーキンを買収しました（ケメット、トーキンはともにタンタルコンデンサの主要企業。その後、台湾のヤゲオがケメットを買収。すなわち、トーキンをケメットが買収、そのケメットをヤゲオが買収）。結果、タンタルコンデンサ産業は「京セラ」と「ケメット＋トーキン」が世界市場の大半を押さえ、収益性は著しく改善したと推定されます。

これらの結果、セラミックコンデンサ産業、導電性高分子コンデンサ産業、タンタルコンデンサ産業はどちらも収益性の高い産業になっています。当該製品だけの業績を正確に把握することはできませんが、関連する業績を示すと**図表40**のようになります。

もしいまも、パナソニックが、あるいはロームがセラミックコンデンサ

図表41：電子部品（コンデンサ）産業における　「みんな幸せ」

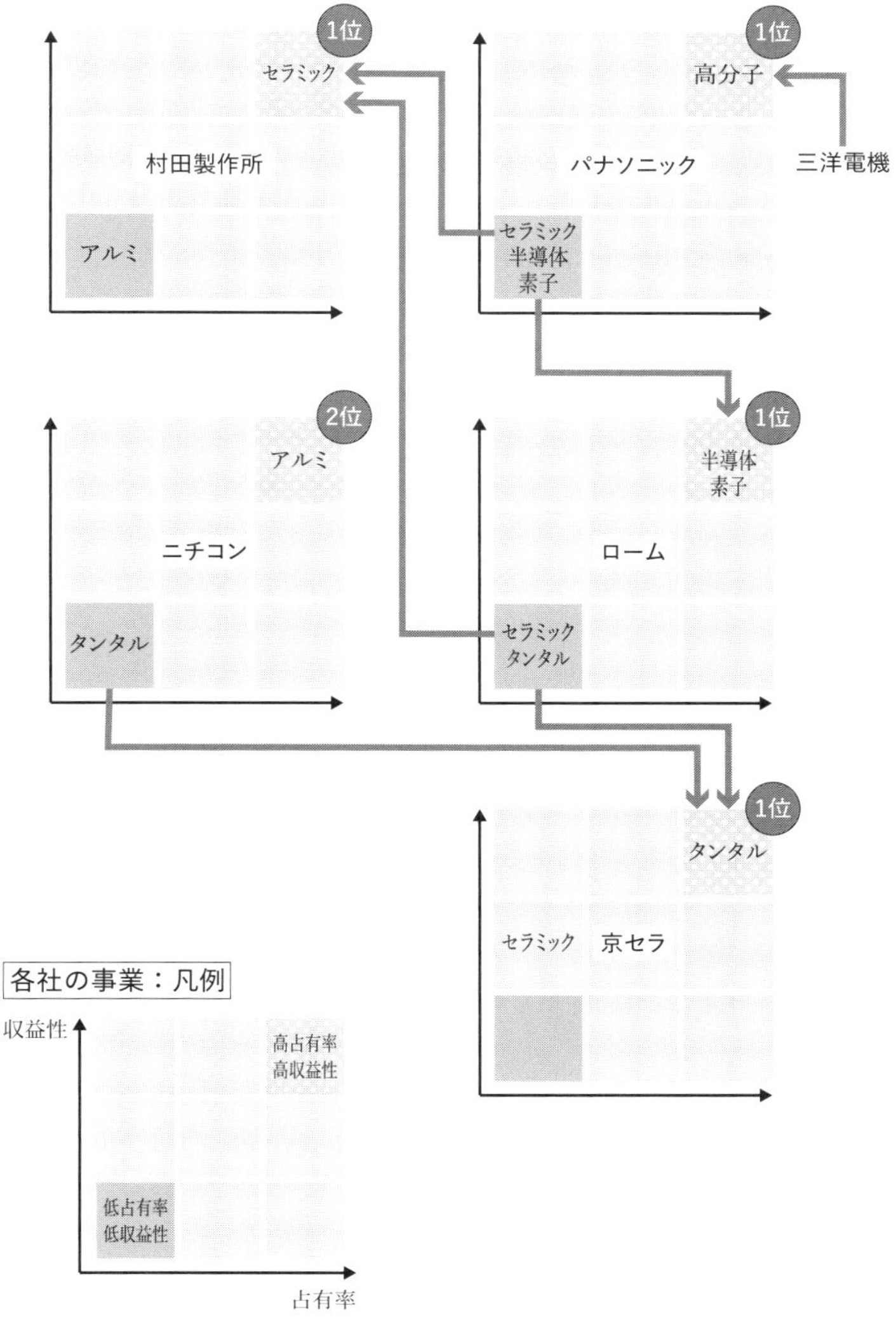

出所：筆者作成

事業を手掛けていたら成功していたでしょうか？　もしいまも、ニチコンが、あるいはロームがタンタルコンデンサ事業を手掛けていたら成功していたでしょうか？　もちろんその答えは誰にもわかりませんが、成功していた確率は低いでしょう。

　繰り返しになりますが、事業の目的は、それに携わる社員、顧客、社会を幸せにすることです。自社だけで完結する必要はないのです。コンデンサ産業の事例は、企業ではなく産業全体を幸せにしたという点で、より高度ともいえるものです。

11　経営に時間の概念を持ってほしい

株主と時間——比率と同時に時間による重みづけ

もの言う株主、いわゆるアクティビストに関連する報道が毎日のようになされています。株主として主張するのは当然のことですし、良質な提案は企業を改善・発展させるものですが、株主の権利においても時間の概念が必要です。

　創業時に海のものとも山のものとも知れない企業に資金を提供し、50年、１００年にわたり株式を保有してくれている株主と、株式の保有期間が1年の株主とは違うはずです。例えば、京セラ創業にあたっては複数の個人が出資をし、そのうちのひとりは自宅を担保に入れての出資でした。[20] 稲盛氏の才覚に賭けての出資だったと思いますが、その株の価値がゼロになってもよいとの覚悟で引き受けたものでしょうし、よもやその後、世界的な企業になるとは夢にも思わなかったでしょう。

この観点でみると、同じ1株の株主でも、保有期間1年の株主は例えば1単位の権利、保有期間100年の株主は100単位の権利があるべきだともいえ、「保有比率×保有時間」の時間加重株式を発行したら面白いと考えています。

「いや、100年間株主であったのだから100年にわたり配当をもらってきたでしょう、さらに時間で重みづけをしたら二重計上ではないか」との指摘があるかもしれません。100年にわたり100%の配当だったのであればその通りですが、企業側は常に将来のために利益の一部を内部に残してきたのです。貸借対照表はそれまでの社業の歴史の蓄積、すなわち祖先なのです。

決算と時間——四半期は永遠の前にはあまりに短い

筆者が社会人になったころ、上場企業の決算発表は半期と通期の年2回でした。そして、半期はあくまでおまけのようなもので、年度決算はもっと神聖なものでした。しかし、いまでは年に4回の発表。決算の重みがなくなってしまったように感じます。

もちろん、日、月、四半期の積み重ねが年となり100年となることはその通りです。しかしながら、企業の目的は永続することであり、「永遠」の長さからみると四半期はあまりに短いと思います。

筆者はアナリスト時代、四半期決算が本質的とはとても思えず、四半期決算の分析に使う時間を減らし、その分、企業や産業に関して深掘りしたレポートを書くように努力しました（例えば、村田製作所について書いたレポートは100ページあります）。

ポルシェを復活させた同社元社長ヴェンデリン・ヴィーデキング氏は、優れた著書『逆転の経営戦略：株価至上主義を疑え』（二玄社）において、四半期決算が象徴する短期志向がどれほど有害かについて鋭く非難をしています。[21・22] 同氏は、四半期決算の導入が議論された際、「我々は優れた自動車を製造するために仕事をしている。四半期決算のためではない」と主張したと記憶しています。

誤解のないように補記しますと、同氏は株主を軽視しているのではなく、顧客、社員、協力会社を大切にすれば結果として利益が出るとの考えからそう言っているのであって、これはジョンソン・エンド・ジョンソンの「我が信条」と共通するものです。

進歩軸とトレンド軸

第3章7節の「暖簾を確立してほしい」でも紹介した、48年間増収増益の伊那食品工業の塚越氏は、次のように述べています。

「座右の銘は二宮尊徳の『遠きをはかる者は富み、近きをはかるものは貧す』」

「世の中には『進歩軸』と『トレンド軸』がある。『進歩軸』は理想的な社会に向かって進むまっすぐな線。『トレンド軸』は世の中の流行で、進歩軸に対して直角に振れる振り子のようなもの」

例えば第2章で取り上げたキーエンス。創業50年で営業利益5000億円という驚異的な成長を遂げた同社の利益をグラフにすると右肩上がりですが、四半期でみれば利益が減少したことは当然あります。昨今の短期的思考（トレンド軸）に踊らされることなく、ぜひ長期的な発展（進歩軸）を実現していただきたいと筆者は祈願します。

12 「不透明」と言わないでほしい

以前、「日本経済新聞」を読んでいたところ、ある識者が「経営とは未来を予測することだ」と書いておられました。思い起こしてみると、予測、予想といった記述をよく目にします。経営とは未来予測（予想）なのでしょうか？

三体問題、カオス理論、バタフライ効果

三体問題とは、互いに作用を与え合う3つの質点の動きを定式化しようとするものです。天文学で惑星の動きを研究するなかで生まれた問題です。

惑星が2つの場合、その挙動を定式化することができます。しかし、そこにもうひとつの惑星を加えただけで、この問題は一気に難しくなり、アインシュタインと並び称される天才アンリ・ポワンカレによって、一般解がないことが証明されています。

わずか3つの物質、言い換えればわずか3つの変数でも予測（予想）できないのです。経営、さらにはこの世の中の変数は3つどころではないことは明らかで、どうやって予測（予想）ができるというのでしょうか。

この三体問題から発展したのがカオス理論です（ただし、「カオス」は専門語ではありません）。表計算ソフトで何かしらの式の初期値を、例えば0.1とするか0.1000000000001とするかで、その答えが全く違うことがあります。当然のことですが、計算において無限に連なる数値を使うことはできません。そのため、表計算ソフトでは、あるケタ数で区切って処理をすることになります。しかしながら、いわゆるバタフライ効果により、初期値がわずかに異なるだけでその答えが劇的に変わることがあるのです。

原理的に予測（予想）は不可能――量子力学

そして、そもそも、原理的に未来予測（予想）はできないのです。

アインシュタインの相対性理論は人類史上に燦然と輝く美しい理論ですが、アインシュタイン理論までは「古典物理学」といわれます。古典物理学においては、例えばある時点での質点の位置、速度、外部から加わる力など十分な情報が与えられれば、その粒子の将来を正確に予測（予想）できるとされていました。したがって、一時期は、「物理学ではもうやることがない」と認識されていたほどなのです。

それを覆したのが、驚異の理論である量子力学です。多くの天才によって、粒子の挙動（すなわちこの宇宙の挙動）は確率的にしか認識できないことが判明しました。

古典物理学までと量子力学以降の現代物理学の決定的な違いは、この世界が決定論的ではないということです。未来予測（予想）の不可能性は宇宙の、森羅万象の原理であり、したがって、「経営は未来を予測（予想）すること」というのは、不可能なことをいっているのに等しいのです。

予測（予想）不可能性を認識、実践したのがナシーム・ニコラス・タレブ氏

未来予測（予想）の不可能性を認識し、その原理を実践的に応用しようとしたのがナシーム・ニコラス・タレブ氏です（例えば、その著書『ブラック・スワン』ダイヤモンド社）。金融資産運用を専門とするタレブ氏であるため、金融資産の本とも受け取られがちですが、金融資産に限定されない普遍的な思考であり、経営や人生にも大変示唆に富む良書です。例えば、人生において「よいほうの」ブラック・スワンが来たら、何が何でもくらいつけ、見逃す人が多すぎると書いています（第2章で紹介した、ジョンソン・エンド・ジョンソンの大瀧氏は見逃さなかったのです！）。

確実に予測（予想）できることもある

もちろん、企業経営に極めて大きな影響をもたらす変数ながら、ほとんど正確に予測（予想）できるものもあります。人口動態です。現在の年齢別人口がわかっていれば、20年後の（少なくとも20歳以上の）年齢別人口はほぼ正確にわかります。

しかしながら、このような変数は稀有で、膨大な数の変数に影響される経営全体としての予測（予想）は非現実的でしょう。

「不透明」「不確実」は禁句

「先行き不透明」「不確実な時代」といった言葉をよくみかけます。しかし、これまでの議論でわかるように、これは「1＋1＝2」といっているようなもの、すなわち何もいっていないに等しいのです。**透明な時代など原理的にない**のです。

過去を振り返って、「結果的に」透明だった……はありえます。仮に、新聞で使用される言葉の数を調べたとすれば、２０２０年春に「不透明」「不確実」という語の使用頻度が増えたことはほぼ確実でしょう。しかし、むしろ２０２０年春は不透明どころか、最も透明であったといえるのではないでしょうか。世界の活動を強制的に止めていたのですから。また、１９００年に生まれた人は、14歳で第一次世界大戦、29歳で世界恐慌、39歳で第二次世界大戦を経験しています。まさに激動の人生で、これに比べたら、本書執筆中の２０２４年に生きる我々の過去数十年は不透明どころか、はるかに透明であったといえるでしょう。

ただし、不勉強なアナリストや記者からの「今後の見通しはどうですか？」との問いに対して、真面目に答えるのは面倒なので「不透明ですね」と答えるのはありです[23]！

経営は「予測（予想）」ではなく「認知と適応」

未来は予測（予想）できない。この原理をもとにすれば、「経営とは認知と適応」ではないでしょうか。予測（予想）しえない未来が「いま」になったときに素早く認知し、新しい「いま」に適応し続けること。これが経営だと筆者は考えます。

原理的に不可能な予測（予想）に使う時間より、認知と適応のできる組織の構築のために時間を使うほうが合理的です（が、もちろんそれは簡単なことではありません）。第2章で紹介したエーワン精密の梅原氏の事例は、認知と適応の素晴らしい実例だと思います。

ドラッカーも言っています。

「変化を制御することはできない。できるのは先頭に立つことだけだ。」（『明日を支配するもの：21世紀のマネジメント革命』ダイヤモンド社）

「予測の虚しさは避けられない。**重要なことはすでに起こった未来を確認すること**」（『すでに起こった未来―変化を読む眼』ダイヤモンド社、傍線・太字は筆者による）

13 困難でも正しい導きをしてほしい

経営者がすべき判断は、ときとして、社員には受け入れがたいものであることもあるはずです。例えば、努力を続けても回復の見込みが薄い赤字事業からの撤退。会社を存続させるための給与の削減。あるいは、公表は義務ではないし、できれば隠し通したい不祥事、などなど。

筆者は、このことを、ロシアによるウクライナ侵攻の際にも強く感じました。

2022年2月24日、ロシアによる侵攻が始まりました。当初の映像に驚愕した私たちは、いま、すでに戦争に慣れてしまっています。Yahoo! Japan のトップページにあった「ウクライナに関する情報」ボタンはそれから3か月ほどでなくなりましたが、話題にもなりませんでした。欧米では、インフレによる日常生活への影響もあって、半年もしないうちに「ゼレンスキー疲れ」が報じられました。

一方、同地では700万人近い人が国外に逃れ難民となり、数万人のウクライナ兵が死亡し、数万人の民間人が殺害され（売上高数千億円企業の社員すべてが殺されるようなものです）、生き残った人たちも長期にわたり恐怖のもとでの生活を強いられているのです。[24]

「フィナンシャル・タイムズ」のアン＝シルベーヌ・シャサニー氏は、「国を率いている人物によって、これほど大きく変わるものなのか」との書き出しから始まる長文を日本の新聞に寄稿しました（「日本経済新聞」2022年5月18日付朝刊）。その文章のなかで、軸が定まらず右往左往しているようにみえるドイツのリーダーと、「平和とエアコンのどちらかを選択するときだ」と国民に呼びかけ、厳しいエネルギー制裁に賛成したイタリアのドラギ首相とを対比していました。

筆者は、侵攻開始直後、所属するフロンティア・マネジメントのウェブサイトにおいて次のように書きました（『村上春樹さんから学ぶ経営㉔　常に卵の側に立つ』）。

「石油価格が上がるからＳＷＩＦＴ制裁はできない、とは耳を疑う。エアコンの温度を１℃下げよう、防空壕にはエアコンなどないのだから、と導くのがリーダーではないか」

ウクライナのことを思えば、エネルギー価格の上昇などたいしたことではありません（それが生死に直結する場合は除く）。経営においても、社員からすると受け入れがたいけれども正しい決断をし、社員を説得し追随させることをしてほしいと祈願します。

なお、本書とは直接関係はないのですが、重要なことを以下に書きます。

地球が誕生して46億年。その間に、地球上の生物の70%以上が絶滅する〝大絶滅〟が５回あったといわれています（いわゆる「Ｂｉｇ５」[25]）。仮に、核戦争が起これば、多くの種は絶滅し、「Ｂｉｇ６」となってしまう可能性があります。

『世界を支配するベイズの定理』（ウィリアム・パウンドストーン、青土社）の原題は『The Doomsday Calculation』。すなわち、人類最後の日を予想しようという書籍です。

同書の冒頭では、何人目の人間が最後の人類になるかについて、宇宙物理学者リチャード・

ゴット氏による簡潔な推論が紹介されています。20万年前に人類の1人目が誕生し、その数は日々増加してきました。1……100万……1億……100億……。そして現在、人類の累積数は1000億人程度といわれ、その数は毎秒増えています。すべての人に固有の番号、例えば949億9999万9999番目や1000億番目があることは確かで、不思議な気持ちになります。

同氏によれば、これから生まれてくる人類の数は18億人～2兆7000億人、人類の存続期間は12年～1・8万年と推論しています（1993年時点での推論）。核が議論されるようになったことは、人類最後の日がより近づいたことを示唆しているのかもしれません。

14 「よき祖先」になってほしい
――10年後に咲く花

本書の最後の節となりました。ここまでお付き合いくださり誠に有難うございます。10年後に咲く花の種を植えてほしい、そんな話で本書を終えたいと思います。

よき祖先になる

ローマン・クルツナリック氏の良書『グッド・アンセスター――わたしたちは「よき祖先」に

なれるか』（あすなろ書房）には、こんな一文が紹介されています。自分が生きている間に実を結ばない作物をなぜ植えるのかと聞かれた農家の男性の答えです。

「私の祖先は私たちのために植えてくれた。私は私の子孫のために植える」

企業も同じではないでしょうか。いま存在している企業には必ず創業者がいて、また、現在に至るまで継続させてきた経営者・社員、顧客、協力会社、社会、株主があったのです。「現在」は創業者から始まる諸先輩方の努力の結果です。これには例外はありません。

ですから、現世代は、子孫のために、受け継いだものを維持し、できればさらによくして引き渡さなくてはなりません。自分たちの時代には咲かないけれど、10年後、20年後、30年後に花開く種を植えなくてはいけないのです。経営者も社員も、いま、自分たちがあるのは、創業者・祖先がいた結果であることを認識し、その祖先たちの残してくれた遺産の上に安住していないか、子孫に渡すだけの進化を提供できているかを自問する必要があると思います。

筆者は、各世代の経営者には何かしらの爪痕を残してほしい、次世代への何かしらの贈り物をしてほしいと思います。地域的な拡大でも、新しい事業の開始でも、人事制度の刷新でも、研究所の新設でも……。第2章で紹介した9賢人たちは、間違いなく子孫に何か、大きな何かを残しました。

ぜひ、社長就任時には「私は○○をする」、退任時には「私は○○を成し遂げた」と言える、外部からも明らかな成果を期待します。

コラム③

常識を疑え

コラム①において「村上春樹さんから学ぶ経営」シリーズを、コラム②において「人類の英知」シリーズを紹介しました。並行して連載しているのが「常識を疑え」シリーズです。ここではその第1回「宇宙は無重力？」を紹介します。

宇宙は無重力ではない

ZOZO創業者の前澤友作氏が日本の民間人として初めて宇宙に滞在したことが話題になりました。それらの記事では「宇宙は無重力」と報じられていますが、これは正しくありません。

前澤氏が滞在した宇宙ステーションは、地上から400キロメートルのところにあるそうです。宇宙といっても東京－名古屋間の距離に等しい高さのところを周回しており、遠いようで近いのです。

地球から400キロメートルの場所は無重力でしょうか？　重力の強さは距離の2乗に反比例しますので、衛星の位置する場所での重力は地球表面での重力の90％程度あり、有重力なのです。

ではなぜ、前澤氏は空間に浮かんでいるのか？　それは浮かんでいるのではなく、重力に従って落下し続けているのです。我々を乗せた巨大なエレベーターのワイヤを切断し、自由落下をさせれば同じ状態を作り出すことができる、すなわち、地球上でも「無重力」は作り出せるのです。事実、宇宙の特異点理論で知られる天才スティーブン・ホーキング博士（ニュートンと同じく、ケンブリッジ大学の最高職といわれるルーカス教授職の地位にあった）は、飛行機の自由落下で無重力を体験しています。

宇宙ついでに、以下では常識が覆されてきた事例をいくつか振り返ってみることとします。ただし筆者は専門家でも何でもなく、厳密な議論ではないことをお許しください。

時間は伸び縮みする

アインシュタインの一般相対性理論の10年前に発表されたのが「特殊相対性理論」。こちらも、人類の常識を覆した革命でした。

時速100キロメートルの電車を、並行して走る時速100キロメートルの電車からみれば止まってみえます。アインシュタインは、10代半ばの少年のときに「それでは、光が光を追いかけたらどのようにみえるだろう」との疑問を持ちました。当時、光の速さは相対的であり、時間や長さが絶対的であると（1秒は誰にとっても同じ1秒であり、1メートルは誰にとっても同じ1メートルである）と思われていました。

しかし、アインシュタインはこの疑問を考え続けた結果、時間や長さは伸び縮みする相対的なものである、この宇宙で変わらぬものは光速だけであることに気づき、常識を覆したのです。

宇宙の「素」

組み立ておもちゃの「レゴ」。一時期低迷していた同社の業績回復はかつて話題になりました。そのレゴのブロックを自由に組み合わせることでさまざまなものを作ることができます。

では、森羅万象を構成するブロック、素となる粒子、すなわち素粒子は何なのか？ 古《いにしえ》より人類が追い求めてきたものです。古代ギリシアのエンペドクレスは火と空気と水と土でできていると考え、デモクリトスは基本となる粒子があると考えました。

時代がはるかに下って技術が進歩すると、分子がみつかり、そして原子がみつかりました。原子は「アトム」すなわち「これ以上分割できないもの」と名付けられ、ついに究極の粒子にたどり着いたと思われました。

しかし、原子の中には原子核と電子が入っていることがわかり、さらに原子核は中性子と陽子に分割されることが判明。さらに、それらの粒子も素粒子ではないことがわかっています。

現時点では、物質を構成する12種の粒子、力を伝える4つの粒子、質量を生じさせている1つの粒子、合計17個がこの宇宙のレゴであるとされています。

しかし、素となる粒子が17個もあるのは不自然とも感じます。ひとつの素ですべてを説明できれば、はるかに美しい理論です。そこで登場したのが「超紐理論」。数本の弦しかないバイオリンは低音から高音まで美しい音を奏でることができます。弦が速く振動するほど高い音に、ゆっくり振動すれば低い音になる。この宇宙も同じで、「紐」の振動の違いでできているのではないかという発想です。世界は紐でできている。この驚きの発想をしたのは南部陽一郎博士（ノーベル賞受賞者）。素粒子をめぐる歴史もまさに常識を疑い続けた結果ともいえるでしょう。

《第3章注》

1 聴衆の4分の1は白人だったそうです。多くの著名人も参加しており、日本でも著名な人物としては、マーロン・ブランド、ボブ・ディランなどがいます。

2 浜松ホトニクスが世界で90％の占有率を持つといわれるのが光電子増倍管（我々の想像をはるかに超える超高感度の光のセンサー）です。同製品は、２００２年のノーベル物理学賞（小柴昌俊氏ら、ニュートリノの観測）、２０１３年のノーベル物理学賞（ピーター・ヒッグス氏ら、ヒッグス粒子の観測）、２０１５年のノーベル物理学賞（梶田隆章氏ら、ニュートリノに重さがあることの発見）に貢献しています。

3 ディスプレイはテレビの最重要部品です。ディスプレイのほかに電源、スピーカー、チューナーなどを組み合わせてテレビができます。

4 2015年の段階でシャープは中小型液晶へのシフトを決めていました――「銀行は経営再建中のシャープに対し計2千億円の資本支援を内定した。再建策の了承を得たためシャープはスマートフォン向けの中小型液晶パネルに集中投資に踏み切る」(「日本経済新聞」2015年4月24日付朝刊)。当時、筆者は、フロンティア・マネジメントの顧客向けメールマガジンで「中小型液晶の技術的優位性は持続可能でしょうか? 10年前、液晶メーカーは大型液晶に関して何と主張していたでしょうか? 7世代、8世代、9世代と世代交代を続けることで、日本企業はアジア企業に対して優位性を持ち続けられる、と。しかし、それは幻想にすぎませんでした。大型液晶と中小型液晶で本質的な違いがあるとは思えず、むしろ、液晶パネル以外の事業の育成に投資することが正しい判断ではないか」と述べました。

5 ちなみに、アナログ放送時代は640×480=31万画素でした。4Kの次の8Kは7680×4320=3300万画素になります。

6 ジャパンディスプレイは本文中にある通り、もともとは日本の大手電機企業のディスプレイ事業を統合した企業で、一時期、日本政府が筆頭株主でしたが、現在ではいちごトラストが80%近い株式を保有しています。いちごトラストの創業者スコット・キャロン氏は流ちょうな日本語を話す親日家。ジャパンディスプレイはeLEAPと名付けた新製品などで再建中です。

7 ノキアは製紙会社として設立されています。紆余曲折を経て2000年代には世界最大の携帯電話端末企業となりました。しかし、アップルやアジア企業との競争が厳しくなり、携帯電話事業をマイクロソフトに譲渡。現在は、無線通信設備で世界2位の企業になっています。

8　「日本経済新聞」（2024年8月25日付朝刊）において、ノーベル賞受賞者中村修二氏もまったく同じことを述べています――「日本は大企業がつぶれそうになったら、すぐに多額の補助金を投じて延命させる（中略）イノベーションの循環が回らなかった結果、日本全体が沈没しかかっている。大企業を延命させた資金をやる気と技術を持ったスタートアップに回してはどうか。企業、ひいては産業の新陳代謝が進むはずだ」。もちろんすべての企業にあてはまるとは限りませんが（例えば、ルネサス エレクトロニクスは作田会長兼CEO時代に蘇生し、いまでは重要な半導体企業です。エルピーダメモリは生き残っていれば日本に半導体最先端プロセスを残せた可能性があります）、ヴォーゲル氏、バヤリネン氏、中村氏の提言は重いと考えます。

9　もちろん、違う考え方があることも紹介しておきます。信越化学工業を世界有数の高収益化学企業に育てあげた天才・金川千尋氏は、「事業撤退は簡単にはしない。事業で利益を出すことの困難さを身をもって知っているから」と述べています。

10　捺染とは生地を染色する（柄を施す）手法のひとつで、柄をデザインした「版」を生地に押し当て、必要なところだけを染料で染めます。最近では、インクジェットプリンタの技術進歩により、紙に文字を印刷するのと同様に、（版を使わずに）生地に直接印刷するインクジェットプリンタも開発され、例えばTシャツも1枚から好みのものを発注できるようになっています。

11　キャリー・マリス博士は逸話に欠かない魅力的な方でした。いくつか紹介します。
◇ノーベル賞受賞の電話に「もらう！もらうよ！」
◇ノーベル賞受賞の連絡があった後、サーフィンをしようと遊びにきた友人に「ノーベル賞を受賞したんだよ」「知ってるよ、来るときにラジオで聞いた。そんなことよりサーフィンいこうぜ」→記者が来なさそうな海に繰り出した。

◇ノーベル賞受賞前にJapan Prize（日本国際賞）※を受賞し、皇后さま（現在の上皇后さま）に謁見。「皇后さまはとても素敵でエレガントだった。（皇后さまから自由に本を読めないと聞き）それでは私が送りますよと言ったんだよ」

※公益財団法人国際科学技術財団によって、世界の科学技術発展に資するために創設された賞。全世界の科学技術者を対象とする。授賞式には天皇皇后両陛下がご臨席される名誉ある賞。

◇ノーベル賞授賞式後の晩さん会ではスウェーデンの王女に「うちの息子を王家にもらってください。その代わりに領土の3分の1をください」

12

２０２２年、サムスン電子はついに世界最大の半導体企業になりました。２０２３年の1位はＴＳＭＣとなり、２０２４年の1位はＮＶＩＤＩＡになることがほぼ確実ですが、サムスン電子は世界トップ５以内を維持すると見込まれます。

13

日本一高いビルとして話題になった麻布台ヒルズ。各種報道によれば、同ビルの最上階には１５００平方メートルの住居があり、販売価格は２００億円以上だそうです。創出するキャッシュフローでみると、ＡＳＭＬの装置のほうが大きいと思われますが、そのようなことをいうのは野暮ですね。

14

インテル互換ＣＰＵ企業ネクスジェンを支援し、インテルに挑んだ日本人がいました。西和彦氏です。当時、同氏は孫正義氏以上の革命児でした。共同創業したアスキーを上場させたときの年齢33歳は、当時の上場企業社長の最年少記録。ビル・ゲイツ氏とも親しく一時期マイクロソフト本社の副社長も務めていました。ネクスジェンへの巨額投資などによりアスキーは経営危機に陥り、ＣＳＫ（現在のＳＣＳＫ）創業者・大川功氏に救済されました。

15

ニコンにおいて露光装置の開発を主導し、同社社長に就任した吉田庄一郎氏の著作『超精密マシンに挑む―ステッパー開発物語』（日本経済新聞出版）などによる。

16　半導体産業の「競争の名前」は一言でいえば「同じ面積にどれだけの回路を描き込めるか」で、1・5～2年に1度の世代交代で同じ面積に描き込める回路の数がおおよそ2倍になります。ただし、最近はこのペースの維持が難しくなりつつあります。

17　露光装置産業において、ASMLは、EUVのひとつ前の世代である「ArF光源の液浸装置」の段階ですでに世界1位になっていますが、本書は技術書ではないので本文では触れていません。露光装置での最大の技術革新は「光源の波長の短波長化」で、g線436nm→i線365nm→KrF 248nm→ArF 193nmと短波長化した後、ArF液浸になっています（EUVは13・5nm）。「液浸」とは、光源と対象物の間に液体を挟むことで短波長化を実現するものです。すなわち、ArF→ArF液浸も、光源は同じですが、非連続の技術革新だったのです。

18　例えば、セイコー（現セイコーグループ）の元社員・織田一朗氏による『時計の科学―人と時間の5000年の歴史』（講談社）に詳述されています。

19　その逆もあって、振動すると電気を発生するため、エネルギー供給源として活用されることもあります。例えばマットを圧電体で作ると、人が踏む圧力で電気が発生し、エネルギーを使うことなく自動ドアの誕生となります。

20　京セラの実質的な創業者は稲盛氏ですが、初代社長は最大出資者の宮木男也氏、第二代社長は同じく出資者の青山政次氏（稲盛氏の前職時代の先輩）、稲盛氏は第三代社長。

21　本書とは関係がありませんが、日本はポルシェ復活に貢献しています。2023年のポルシェの業績は、売上高405億ユーロ、営業利益73億ユーロと素晴らしい数字です。納車台数は32万台、単純割り算では平均単価12万～13万ユーロ、2000万円ほどになります。最も価値あるブランドの1社であることに誰もが賛同することでしょうし、付加価値ある製品を誇りをもって顧客に提供する、憧れの企業といえます。しかし、わずか30年前、同社は存亡の危機にありました。ヴェンデリン・ヴィーデキング氏を含むポルシェの経営陣は日本企業を見学し、自分たちがひどく時代遅れであることを痛感し、トヨタ自動車出身者が設立したコンサル企業である新技術研究所を業務改革のため起用したのです。

22 念のため補記しますと、同書は四半期決算に関するものではなく、ポルシェを復活させた思考を学ぶための本です。ネット翻訳によると原題は『人と違うことは良いこと』で、世の中に安易に従うのではなく、信念を持て、誇りを持て、自律せよといった主張の素晴らしい本です。ただし、その後はリーマンショックもあり、同社にも紆余曲折あったことは事実です。

23 筆者はいわゆるアナリストとして働いておりました。アナリストとは将来を予想することが仕事ではないのか？との質問を頂戴するかもしれません。筆者も当初はそのように思っていましたが、それは間違いだ、未来予想などできない、では何をしたらよいのか、そうか、どんな未来が来ても適応できる経営者を探すことがアナリストの本質である、と考え直しました。

24 国連ＵＮＨＣＲ協会によると、２０２４年6月において、６５５万人以上が国外に避難、３５４万人以上が国内で避難民となっています。また、２０２４年2月、ゼレンスキー大統領はウクライナ兵の死者数は3万１０００人と述べています。

25 例えば、竹内薫・丸山篤史『まだ誰も解けていない　科学の未解決問題』（ＫＡＤＯＫＡＷＡ／中経出版）。

謝辞

まず何より本書に登場いただいた9賢人をはじめ、筆者を導いてくだった賢人たちに深謝いたします。

筆者を取締役に起用いただいている山一電機株式会社、伯東株式会社に感謝いたします。両社ともに、すべての役職員の奮闘の結果、見違える企業となり、10年後、30年後が楽しみです。

筆者の所属するフロンティア・マネジメントのチームを起用してくださる事業会社各社に厚く御礼申し上げます。お客様の発展は、私たちにとって最大の喜びです。

フロンティア・マネジメントの大西正一郎代表、同僚各位、図表の作成に協力してくださった榊弓子さん、池田勝敏さんに感謝申し上げます。なお、フロンティア・マネジメントは、2024年より、優れた実績を残された企業経営経験者を顧問に招聘し、お客様への支援を強化しております――百谷淳一氏（元ツガミ代表取締役）、西岡務氏（元日東電工取締役）、加藤之啓氏（元デンソーテン代表取締役）。どうぞご期待ください。

出版の機会を与えてくださった日経ＢＰの網野一憲氏に感謝申し上げます。網野氏とはこれが4冊目となります。いつもいつも拙文を読み込んでいただけますこと、電子部品（というまさ

に ニッチ!）に興味を持ってくださること、誠に有難く思っております。

今回の書籍のテーマのひとつは多様性です。少し話は拡大しますが、最後に小話を2つ。

ひとつは、以前タクシーに乗ったときのことです。「お客さん、橋はゆっくりになるけれどよいかな?」。よくわからないまま、「いいです」と応えて乗り込みました。一般の道を走っているときは気持ちよく飛ばしていた運転手さんが、橋を渡り始めると急減速、時速10キロメートル程度、人が小走りで追いつける速さなのです。しかし、橋を渡り終わると急加速、遅れを取り戻すかのように〝飛ばし屋〟に変わりました。過去に橋の上で交通事故に遭い、それ以来、橋恐怖症になってしまい、橋はどうしても渡らないといけないとき以外は使わないとのことでした。

もうひとつ。以前、残業のための弁当を買いに行こうと歩いていたところ、前を歩いていた方が急に踵を返しこちらに走ってきます。そして、いきなり私の腕をつかみ「一緒に歩いてください」とのこと。怖い人物でもいるのかと身構えると、前からやってきたのは、小さな犬を連れた男女。男女とすれ違うと、その方は「犬恐怖症なんです、助かりました」と何事もなかったように1人で歩いていきました。散歩していたのは人に噛みつくことなどありえなさそうな小型犬でした。

人間の心は繊細なんだと痛感した2つの出来事。多様性とは少し違うのですが、どこかで披露したいと思っていたことを、この場を借りて書きました。

筆者が就職したのが1991年。ちょうど日本が絶頂から滑り落ち始めたころです。それから35年ほどの間に、日本は縮んでしまいましたが、真面目で誠実で勤勉な日本人、まだまだ活躍できるのではないでしょうか。筆者はもうすぐ引退、次世代が再び日本を輝かせることを祈念し、この本を書きました。

終わりのみえないウクライナとガザでの戦争。現代になってまさか「防空壕」などという言葉を聞くことになるとは思いませんでした。戦火が1日も早く終息しますように。

2024年　晩秋

村田　朋博

参考文献

以下、本書を書くにあたり再読しもしくは新しく読み、参考にさせていただいた書籍です。これらの書籍の英知なくしては本書は完成していません。有難うございました。

■本文
IMF　World Economy Outlook
盛田昭夫『MADE IN JAPAN―わが体験的国際戦略』（朝日文庫、1990年）など主要著書
ピーター・F・ドラッカー『ドラッカー名著集1　経営者の条件』（上田惇生訳、ダイヤモンド社、2006年）など主要著書
エリザベス・H・イーダスハイム『P・F・ドラッカー―理想企業を求めて』
トマス・J・ピーターズ、ロバート・H・ウォータマン『エクセレント・カンパニー―超優良企業の条件』（大前研一訳、講談社、1983年）
ジム・コリンズ、ジェリー・ポラス『ビジョナリー・カンパニー―時代を超える生存の原則』（山岡洋一訳、日経BP、1995年）
ジャグディシュ・N・シース『自滅する企業――エクセレント・カンパニーを蝕む7つの習慣病』（スカイライトコンサルティング訳、英治出版、2008年）
アンドリュー・S・グローブ『パラノイアだけが生き残る　時代の転換点をきみはどう見極め、乗り切るのか』（佐々木かをり訳、日経BP、2017年）
金川千尋『社長が戦わなければ、会社は変わらない』（東洋経済新報社、2002年）
奥井武史「戦略リスク・マネジメントについての一考察」（https://www.jstage.jst.go.jp/article/jmda2001/5/0/

5_0_114/_pdf/-char/ja)
日本経済新聞社『京阪バレー―日本を変革する新・優良企業たち』(日本経済新聞出版、１９９９年)
植松努『ＮＡＳＡより宇宙に近い町工場』(ディスカヴァー・トゥエンティワン、２０１５年)
マブチモーター社史
山田昭男『稼ぎたければ働くな』(サンマーク出版、２０１２年)
山田昭男『日本一社員がしあわせな会社のヘンな〝きまり〟』(ぱる出版、２０１１年)
山田昭男『楽して、儲ける!―未来工業・山田昭男の型破り経営論』(ＫＡＤＯＫＡＷＡ/中経出版、２００４年)
一條和生『リーダーシップの哲学―12人の経営者に学ぶリーダーの育ち方』(東洋経済新報社、２０１５年)
川村隆『ザ・ラストマン―日立グループのV字回復を導いた「やり抜く力」』(角川新書、２０２１年)
梅原勝彦『日本でいちばんの町工場 エーワン精密の儲け続けるしくみ』(日本実業出版社、２０１１年)
梅原勝彦『経常利益率35%超を37年続ける町工場強さの理由』(日本実業出版社、２００８年)
梅原勝彦『「速さ」で稼ぐリーダー47のコツ―数字とスピードで抜け出せ!』(日経トップリーダー編集、日経ＢＰ、２０１３年)
堀紘一ほか『起業家の本質:ピンチをチャンスに変える5つの能力!』(プレジデント社、２００９年)
本田宗一郎『得手に帆あげて―本田宗一郎の人生哲学』(三笠書房、２０００年)
マイケル・サンデル『これからの「正義」の話をしよう―いまを生き延びるための哲学』(鬼澤忍訳、早川書房、２０１１年)
ダイヤモンド会社探検隊『会社の歩き方２０１４ キーエンス』(ダイヤモンド社、２０１２年)
ルイス・ガースナー『巨象も踊る』(山岡洋一・高遠裕子訳、日本経済新聞出版、２００２年)
岩淵明男『約束された成長―66年連続増収J&J常勝の経営戦略』(出版文化社、１９９９年)
高橋浩夫『〝顧客・社員・社会〟をつなぐ「我が信条」―ＳＤＧｓを先取りする「ジョンソン・エンド・ジョンソ

ン」の経営』（同文舘出版、2021年）
五十嵐雅郎『ミネベアのグローバル戦略』（あしざき書房、2000年）
岩井正和『ミネベアはなぜ強い―海外起業成功の秘訣』（ダイヤモンド社、1995年）
香村正光・M&A取材班『それでも私は会社を買う―ミネベア髙橋高見のM&A世界戦略』（東都書房、1987年）
上竹瑞夫『10年先を駆け抜けた男―企業家髙橋高見の実像』（徳間書店、1989年）
秋元康『企画脳』（PHP文庫、2009年）
秋元康・田原総一朗『AKB48の戦略！秋元康の仕事術』（アスコム、2013年）
小山薫堂『考えないヒント―アイデアはこうして生まれる』（幻冬舎新書、2006年）
サイモン・シネック『WHYから始めよ！―インスパイア型リーダーはここが違う』（栗木さつき訳、日本経済新聞出版、2012年）
川原衛門『斎藤憲三の生涯』（齋藤憲三顕彰会、1974年）
井深大「東京通信工業株式会社設立趣意書（ソニー設立趣意書）」
伊丹敬之・伊丹研究室編著『なぜ「三つの逆転」は起こったか―日本の半導体産業』（NTT出版、1995年）
竹内薫・丸山篤史『まだ誰も解けていない　科学の未解決問題』（KADOKAWA／中経出版、2014年）
長沢伸也『カルティエ 最強のブランド創造経営―巨大ラグジュアリー複合企業「リシュモン」に学ぶ感性価値の高め方』（東洋経済新報社、2021年）
長沢伸也『ブランド帝国の素顔―LVMHモエヘネシー・ルイヴィトン』（日本経済新聞出版、2002年）
長沢伸也編著ほか『シャネルの戦略―究極のラグジュアリーブランドに見る技術経営』（東洋経済新報社、2010年）
ブルネロ・クチネリ『人間主義的経営』（岩崎春夫訳、クロスメディア・パブリッシング、2021年）
塚越寛『いい会社をつくりましょう』（文屋、2004年）

塚越寛『年輪経営―一度きりの人生を幸せに生きるために』(日経BP、2018年)
楠木建『ストーリーとしての競争戦略―優れた戦略の条件』(東洋経済新報社、2010年)
村上春樹『東京奇譚集』(新潮文庫、2007年)
福岡伸一『動的平衡2―生命は自由になれるのか』(木楽舎、2011年)
トーマス・フリードマン『レクサスとオリーブの木―グローバリゼーションの正体』(上下巻、東江一紀・服部清美訳、草思社、2000年)
トーマス・フリードマン『フラット化する世界―経済の大転換と人間の未来』(上下巻、伏見威蕃訳、日本経済新聞出版、2006年)
アル・ライズ、ジャック・トラウト『ポジショニング戦略』(川上純子訳、海と月社、2008年)
キャリー・マリス『マリス博士の奇想天外な人生』(福岡伸一訳、早川書房、2004年)
吉田庄一郎『超精密マシンに挑む―ステッパー開発物語』(日本経済新聞出版、2008年)
織田一朗『時計の科学 人と時間の5000年の歴史』(講談社、2017年)
坂根正弘『ダントツ経営―コマツが目指す「日本国籍グローバル企業」』(日本経済新聞出版、2011年)
ヴェンデリン・ヴィーデキング『逆転の経営戦略―株価至上主義を疑え』(相原俊樹訳、二玄社、2008年)
浅田秀樹『三体問題―天才たちを悩ませた400年の未解決問題』(講談社、2021年)
ナシーム・ニコラス・タレブ『ブラック・スワン―不確実性とリスクの本質』(上下巻、望月衛訳、ダイヤモンド社、2009年)
ウィリアム・パウンドストーン『世界を支配するベイズの定理』(飯嶋貴子訳、青土社、2019年)
ローマン・クルツナリック『グッド・アンセスター―わたしたちは「よき祖先」になれるか』(松本紹圭訳、あすなろ書房、2021年)
稲盛和夫『稲盛和夫の実学―経営と会計』(日本経済新聞出版、2000年)
稲盛和夫『京セラフィロソフィ』(サンマーク出版、2014年)

稲盛和夫『生き方―人間として一番大切なこと』（サンマーク出版、２００４年）
村田朋博『電子部品だけがなぜ強い』（日本経済新聞出版、２０１１年）
村田朋博『経営危機には給料を増やす！―世界一企業をつくった「天邪鬼経営」』（日本経済新聞出版、２０１３年）
村田朋博『電子部品　営業利益率20％のビジネスモデル』（日本経済新聞出版、２０１６年）
村田朋博・渡邊あき子・澤村勇城・セン・キンハーン『図解入門業界研究　最新 電子部品産業の動向とカラクリがようくわかる本〔第２版〕』（秀和システム、２０２３年）

■コラム

村上春樹『村上春樹全作品１９７９～１９８９』（講談社、１９９３年）
村上春樹『村上春樹全作品１９９０～２０００』（講談社、２００４年）
河合隼雄・村上春樹『村上春樹、河合隼雄に会いに行く』（新潮社、１９９８年）
川村静児『重力波とは何か―アインシュタインが奏でる宇宙からのメロディー』（幻冬舎新書、２０１６年）
大栗博司『重力とは何か―アインシュタインから超弦理論へ、宇宙の謎に迫る』（幻冬舎新書、２０１２年）
大栗博司『大栗先生の超弦理論入門』（講談社、２０１３年）
二間瀬敏史『重力で宇宙を見る―重力波と重力レンズが明かす、宇宙のはじまりの謎』（河出書房新社、２０１７年）
田中雅臣『マルチメッセンジャー天文学が捉えた新しい宇宙の姿―宇宙の物質の起源に迫る』（講談社、２０２１年）
佐藤勝彦監修『宇宙１３８億年の謎を楽しむ本―星の誕生から重力波、暗黒物質まで』（ＰＨＰ研究所、２０１７年）
郡和範『「ニュートリノと重力波」のことが一冊でまるごとわかる』（ベレ出版、２０２１年）
キット・イェーツ『生と死を分ける数学―人生の（ほぼ）すべてに数学が関係するわけ』（冨永星訳、草思社、２０２０年）

村田 朋博（むらた・ともひろ）
フロンティア・マネジメント㈱執行役員、山一電機㈱取締役、伯東㈱取締役。1968年生まれ。東京大学工学部卒。大和証券、大和総研、モルガン・スタンレー証券にてアナリスト業務に従事（2001年日経アナリストランキング1位〈電子部品・半導体〉）。フロンティア・マネジメントでは主に製造業向けの各種経営支援業務に従事。
著書に『電子部品だけがなぜ強い』（日本経済新聞出版、2011年）、『経営危機には給料を増やす』（同、2013年）、『電子部品　営業利益率20％のビジネスモデル』（同、2018年）、『この本を読まずに死ぬな！〜人生を変える珠玉の15冊』（静山堂出版、2018年）、詩集『なみ　ほし　こころ』（同、2019年）ほか。

超利益経営

2025年1月9日　　1版1刷

著　者　村田 朋博

発行者　中川ヒロミ
発　行　株式会社日経BP
日本経済新聞出版
発　売　株式会社日経BPマーケティング
〒105-8308　東京都港区虎ノ門4-3-12
装　丁　夏来怜
組　版　㈲マーリンクレイン
印刷・製本　三松堂印刷

ISBN978-4-296-12145-8